wk

MUKUNDA
RAJ ARYAL

JÜRGEN WINKLER

NEPAL

VERLAG W. KOHLHAMMER
STUTTGART BERLIN KÖLN MAINZ

Aufnahmen: Jürgen Winkler
Text: Mukunda Raj Aryal und Jürgen Winkler

CIP-Kurztitelaufnahme der Deutschen Bibliothek

Winkler, Jürgen
Nepal
Jürgen Winkler; Mukunda Raj Aryal
1. Aufl.
Stuttgart, Berlin, Köln, Mainz: Kohlhammer, 1976.
ISBN 3-17-002904-5

NE: Aryal, Mukunda Raj:

Stuttgart Berlin Köln Mainz
Verlagsort: Stuttgart
Umschlag: hace
Gesamtherstellung: W. Kohlhammer GmbH
Grafischer Großbetrieb Stuttgart
Printed in Germany

INHALT

für Vlasta

VORWORT

Im Herbst 1971 hatte ich das erste Mal Gelegenheit, als Fotograf und Bergführer Nepal zu besuchen.
Die Kunstwerke im Kathmandu-Tal, die unzähligen Terrassen des Mittellandes, das noch von jeder Technik unberührte Hochgebirge mit den höchsten Bergen unserer Erde und die heiteren und liebenswürdigen Menschen faszinierten mich ungemein, so daß ich spontan den Wunsch hatte, über Nepal einen Bildband zu schaffen. Von der ersten Idee bis zum fertigen Werk sind nun fast sechs Jahre vergangen. Sechzehn Reisen und Expeditionen führten mich immer wieder nach Nepal und in den Himalaya. So entstanden viele Bilder in Schwarzweiß und in Farbe, alle mit der Rolleiflex aufgenommen.
Das Kathmandu-Tal ist die Wiege und das Herz Nepals. Hier wuchsen die drei größten Städte des Landes, hier begann die nepalische Geschichte und Kultur. So lag es nahe, das Werk in zwei Teile zu gliedern. Nach einer Einführung in die Landeskunde Nepals folgt eine Führung durch Nepals Kunst- und Kulturzentrum, das Kathmandu-Tal, dann eine Reise in Bildern von Westen nach Osten des Landes. Hier lernt der Betrachter die unterschiedlichen Landschaften, die Nepali und ihre Siedlungen kennen; Elefanten im Terai, Menschen in Jumla, Täler und Berge des Inneren Himalaya, Menschen und Siedlungen im Dolpo, das Kali Gandaki-Tal, die Terrassenlandschaften in Zentralnepal, die Annapurna Berge, Winterstürme im Langtang Himal, Beding im Rolwaling Himal und das Land der Sherpa unter dem höchsten Berg der Erde.
Jedes Bild wird mit einer ausführlichen Bildlegende beschrieben. Besonders bei den oft komplizierten und schwierigen Darstellungen aus der hinduistischen und buddhistischen Kunst ist die Bildbeschreibung eine Hilfe, den Bildinhalt besser zu verstehen.
Das Kathmandu-Tal birgt wie kaum ein anderer Platz der Erde auf engstem Raum eine enorme Vielzahl von Tempeln, Schreinen und Kunstwerken. Aus dieser Fülle die wichtigsten und besten herauszufinden, ist für einen Fremden fast unmöglich; denn viele Plastiken, Skulpturen, Holzschnitzereien und Malereien befinden sich versteckt in Innenhöfen, in abseits gelegenen Gassen oder verborgen in einem Hain oder Garten.
In Mukunda Raj Aryal fand ich einen hervorragenden Kenner und liebenswürdigen Mitarbeiter. Er half mir, die wichtigsten und interessantesten Kunstwerke auszuwählen; auch ein Großteil der Texte wurde von ihm geschrieben. Er ist Professor für Geschichte, Kultur und Archäologie an der Tribhuvan Universität. Für seine wertvolle Mitarbeit danke ich ihm herzlich.

Jürgen Winkler

GEOGRAPHIE UND LAGE

Der Himalaya, das mächtigste Gebirge der Erde, spannt sich in einem weiten Bogen von etwa 2200 Kilometer Länge vom Nanga Parbat im Westen bis zur 7755 Meter hohen Namcha Barwa im Osten. Der zentrale Teil des Himalaya mit acht Gipfeln über 8000 Meter Höhe liegt innerhalb der Grenzen Nepals. Über fünf dieser Gipfel verläuft die Grenze zu China, während Dhaulagiri, Annapurna und Manaslu auf rein nepalischem Boden stehen. Das 140797 Quadratkilometer große Königreich dehnt sich von Westen nach Osten über eine Länge von 800 Kilometer aus. Die Breite zwischen nördlicher und südlicher Grenze liegt zwischen 144 und 244 Kilometer. Die beiden großen Nachbarn sind China (Tibet) im Norden und Indien im Süden, Westen und Osten (Sikkim wurde 1974 von Indien annektiert).
Nepal weist auf nur geringen Entfernungen die größten Höhenunterschiede auf, die es auf unserer Erde gibt. Die kleine Ortschaft Kachana Kalan im östlichen Terai liegt 70 Meter über dem Meer. An klaren Tagen kann man von hier 8000 Meter hohe Berge sehen. Diese enormen Höhenunterschiede sind der Grund dafür, daß hier je nach Höhenlage alle Klimazonen der Erde vorhanden sind. Eine weitere Besonderheit Nepals ist, daß der hohe Himalaya nicht die Hauptwasserscheide bildet, sondern das nördlich gelegene, niedrigere Tibetische Randgebirge. Mehrere Flüsse entspringen hier und durchbrechen weiter südlich die Hauptkette des Himalaya.
Das Land Nepal kann man in sieben Landschaftszonen einteilen: 1. Das *Terai*, ein schmaler Gürtel der Gangestiefebene, bildet die südlichste Zone Nepals. Große Teile des nur 70 bis 200 Meter hoch liegenden Landes sind von Dschungeln bedeckt. Mehrere Gebiete des Terai wurden in den vergangenen Jahren zunehmend kultiviert; sie umfassen schon heute einen Großteil des Ackerlandes in Nepal. 2. Die *Siwaliks* sind die ersten Bergketten, die sich unmittelbar aus dem Tiefland erheben. Sie reichen bis in Höhen von etwa 1800 Meter. Diese Zone ist im Vergleich zum südlichen Terai nur dünn besiedelt. 3. Die *Mahabharat Lekh* (Lekh-Gebirgskette) erstreckt sich fast durchgehend von Westen nach Osten und erreicht mit ihren steilen und zerklüfteten Hängen Höhen bis zu 3000 Meter. 4. Das *Pahar*, das nepalische Mittelland mit seinem günstigen Klima und seinen Millionen von Terrassen, liegt in einer Höhe zwischen 600 und 2000 Meter. Es bildet mit dem Kathmandu-Tal den eigentlichen Kern Nepals. 5. Der *hohe Himalaya* mit seinen eis- und schneebedeckten Gipfeln begrenzt das Mittelland im Norden. 6. Als *Inneren Himalaya* bezeichnet man die Hochgebirgstäler zwischen der Hauptkette und dem Tibetischen Randgebirge (Seiten 142–165). Diese Täler liegen in Höhen zwischen 2000 und 4500 Meter. 7. Das *Tibetische Randgebirge* mit Gipfeln bis zu 6000 Meter und in wenigen Fällen bis zu 7000 Meter Höhe bildet die Hauptwasserscheide zwischen Ganges und Tsangpo-Brahmaputra (diese Einteilung folgt dem Geologen und hervorragenden Nepalkenner Dr. Toni Hagen).

KLIMA UND JAHRESZEITEN

In Nepal gibt es auf engstem Raum alle Klimazonen der Erde – von den tropischen Dschungeln des Terai bis zu den eisgepanzerten Himalayariesen und den wüstenhaften Hochtälern des Inneren Himalaya. Die enorme vertikale Gliederung des Landes von nur 70 Meter bis 8848 Meter Meereshöhe auf einer Horizontaldistanz von etwa 160 Kilometer bringt es mit sich, daß Nepal kein einheitliches Klima hat.

Zwei wesentliche Faktoren bestimmen Klima und Jahreszeiten: Einmal ist es die riesige von Westen nach Osten ziehende Mauer des Himalaya, die eine gewaltige Klimascheide zwischen Zentralasien und dem indischen Subkontinent bildet. Der zweite Faktor ist der Monsun, durch den Regenzeit und Trockenperiode entstehen.

Die Monsunzeit ist die wichtigste Jahreszeit für die Nepali. Von ihr hängen Wachstum und Ernte ab. Der Monsun bringt Segen *und* Unheil, er läßt die Flüsse über ihre Ufer treten, zerstört die mühselig aufgebauten Terrassen und läßt immer wieder ganze Berghänge abgleiten, die schon manche Ortschaft unter sich begraben haben. Seinetwegen werden große Feste gefeiert wie das zu Ehren des Roten Macchendranath, vor Monsunbeginn, und das große Fest Indra Yatra im August/September. Man opfert den Göttern und bittet sie um Regen, aber auch darum, daß kein Unwetter die Ernten zerstöre.

Der Monsun kommt mit seinen feucht-heißen Luftmassen aus dem Golf von Bengalen und erreicht Nepal Anfang Juni. Er endet normalerweise Ende September bis Mitte Oktober und bringt etwa 80 Prozent der jährlichen Niederschläge, die sich sehr unterschiedlich über das Land verteilen, je nach Lage und Höhe. Insgesamt nehmen die Niederschlagsmengen von Osten nach Westen hin ab. Das ist damit zu erklären, daß Ostnepal näher am Golf von Bengalen gelegen ist als der westliche Landesteil.

Der hohe Himalaya bildet für den Monsun eine fast unüberwindliche Barriere, so daß es nördlich und südlich des Hauptkammes zu extremen Unterschieden im Klima und somit auch in der Vegetation kommt. Im Süden wachsen dichte Bergwälder bis in Höhen von 4000 Meter und die Niederschläge erreichen Jahresmittel von mehr als vier Meter. Nur 25 Kilometer weiter nördlich hinter den hohen Bergen befinden sich Täler, deren arides, wüstenhaftes Klima nur spärliche Vegetation zuläßt. Trotzdem sind in den trockenen Hochtälern, in Höhen zwischen 2500 und 4300 Meter, beachtliche Siedlungen entstanden, die eine Oasenkultur entwickelt haben (Seiten 146, 156, 157, 158).

VOLKSSTÄMME UND RASSEN

Nepal hat im Jahre 1976 rund zwölf Millionen Einwohner, die sich aus mehr als zwanzig verschiedenen Stämmen zusammensetzen. Sie gehören sprachlich und rassisch der indo-arischen oder der tibeto-birmanischen Völkergruppe an. Neben vielen Dialekten werden vierundzwanzig verschiedene Sprachen gesprochen. Staatssprache und zugleich Umgangssprache ist *Nepali,* das mit *Hindi* sehr eng verwandt ist. Geschrieben wird in der *Devanagari*-Schrift. Englisch ist die erste und wichtigste Fremdsprache.

Zu den Volksstämmen, die der tibeto-birmanischen Sprachfamilie angehören, zählen die in Nepal alteingesessenen *Newar, Thamang, Tharu, Gurung, Mangar, Rai, Limbu* und die später aus dem tibetischen Raum eingewanderten *Thakali, Bhote* und *Sherpa*. Die *Brahmanen, Kshatriya, Chetri* und *Inder* zählen zur indo-arischen Gruppe. Genannt sind hier nur die wichtigsten Rassen und Stämme im verwirrenden Völkergemisch Nepals.

Die wesentlichen Gründe für die vielen Volksstämme und Sprachen in Nepal liegen einmal in den geographischen Gegebenheiten des Landes; die trennenden hohen Berge und die abgeschiedenen Tallandschaften begünstigten und erhielten eigene sprachliche und kulturelle Entwicklungen sogar kleinerer Gruppen. Sie liegen zum anderen in den vielen Einwanderungswellen verschiedenster Volksgruppen. Vor der Invasion der Mohammedaner in Nordindien im 12. und 13. Jahrhundert suchten die beiden obersten Kasten Indiens, die Brahmanen und die Kshatriya (Krieger), Zuflucht in den Bergen des nepalischen Mittellandes. Viele Völkerschaften des Nordens wanderten auf der Suche nach besseren Lebensbedingungen immer wieder nach Süden und ließen sich in Nepal nieder.

Die *Bhote*, unter diesem Namen werden in Nepal eigentlich alle tibetischen Gruppen zusammengefaßt, bevölkern heute den nördlichen Teil des Landes. Sie kamen vor einigen Jahrhunderten aus Tibet und besiedelten hauptsächlich die menschenleeren Hochtäler des Inneren Himalaya. Die letzte große Einwanderungswelle von Tibetern erfolgte in den Jahren 1959/60 nach der tibetischen Erhebung gegen China.
Typische Merkmale der tibetischen Gruppe bilden die gemeinsame Religion des Lamaismus, die tibetische Sprache mit ihren verschiedenen Dialekten und schließlich die Physiognomie, die mongoloiden Augen. Architektur und Siedlungsformen sind dagegen grundverschieden, wie z.B. die der Sherpa im Khumbu (Seite 208) und die der Bhote im Dolpogebiet (Seite 146). Die Ursache der verschiedenen Bauformen liegt sehr wahrscheinlich in den klimatischen Verhältnissen. Während Dolpo zu den trockensten Regionen Nepals zählt und Oasenwirtschaft kennt, fallen im Khumbu noch reichlich Niederschläge.
Die sogenannten altnepalischen und indo-arischen Rassen besiedeln das Mittelland und den Süden Nepals. Im Mittelland und besonders im Kathmandu-Tal kam es im Lauf der Jahrhunderte nicht nur zu einer Verschmelzung dieser Rassen, sondern auch zu der einzigartigen kulturellen Verbindung, die ihren Ausdruck in der friedlichen Koexistenz von zwei großen Weltreligionen fand, die sich in vielen Bereichen sogar gegenseitig durchdrungen haben.
Die meisten Stämme Nepals sind bis heute noch gar nicht oder nur wenig erforscht. Ausnahmen bilden die Newar, Sherpa und Gurkha, deren Namen weit über die Grenzen Nepals hinausgelangten. Die *Gurkha* sind im ethnologischen Sinne kein Stamm, sondern nepalische Krieger aus verschiedenen Stämmen, die von den Engländern generell Gurkha genannt wurden. Die Bezeichnung leitet sich ab von dem kleinen Städtchen Gurkha, ca. 90 Kilometer nordwestlich von Kathmandu gelegen.
Die *Newar*, Vertreter der tibeto-birmanischen Gruppe, gelten als die Ureinwohner des Kathmandu-Tals und stellen dort auch den größten Teil der ansässigen Bevölkerung. Außerhalb des Kathmandu-Tals befinden sich kleinere Newar-Kolonien in verschiedenen Teilen des Landes (z.B. Pokhara), außerdem in Darjeeling und Lhasa. Die Newar sind die Träger der großen nepalischen Kultur. Sie sind die großen Bildhauer, Maler, Baumeister, Bronzegießer und Holzschnitzer, die Urheber der meisten Kunstschätze, die wir heute in Nepal bewundern.
Die *Sherpa* sind der bekannteste Volksstamm Nepals. Sie sind im 15./16. Jahrhundert aus Tibet ausgewandert, haben den 5716 Meter hohen Nangpa La überschritten und sich in den Tälern südlich des Mount Everest angesiedelt. Ein Teil von ihnen lebt heute in Darjeeling. Bei fast allen Expeditionen im Himalaya haben sie sich durch Kraft, Ausdauer und ihr gutes Anpassungsvermögen in großen Höhen einzigartig bewährt. Besonders hervorheben muß man ihre große Zuverlässigkeit und Treue, die oft im Einsatz ihres Lebens gipfelte. Bis zum Jahre 1973 waren es ausschließlich die Sherpa unter den Nepali, die mehrmals auf Achttausendern standen. Während der italienischen Mammutexpedition zum Everest, im Frühjahr 1974, erreichte dann erstmals ein Thamang den Gipfel dieses Berges.

9 Machapuchare Der 6997 m hohe Fischschwanz in Zentralnepal ist einer der heiligen Berge des Himalaya. Die Aufnahme entstand am Abend eines Schlechtwettertages vom Annapurna Base Camp aus (Seiten 178/179).

11 Terrassenlandschaft Sie liegt in 1500 m Höhe über dem Bhote Kosi (Kosi-Fluß) in der Nähe der Ortschaft Charikot (Ostnepal). Das Bild zeigt Terrassen, die mit Mais und Gerste bebaut sind.

13 Tibeter mit Kind Vater und Tochter leben in der kleinen 3500 m hoch gelegenen Ortschaft Tarang im Norden der Himalayakette im westlichen Nepal. Die beiden sind von ihren kleinen, steinigen Äckern zurückgekehrt.

17 Mahakala Die 140 cm hohe Figur steht im Innenhof eines ehemaligen Klosters in Naxal Chardunge (Kathmandu). Mahakala ist eine Schutzgottheit, die ihren Ursprung im Mahayana-Buddhismus findet. Der Gott gilt als strenger Beschützer der buddhistischen Lehre und ihrer Regeln. Fast in jedem Kloster Nepals findet man Skulpturen oder Reliefs dieser Gottheit, die meist zweiarmig und manchmal vierarmig dargestellt wird.

23 Padmapani Lokeshvara Der 70 cm hohe Lokeshvara aus dem 12./13. Jahrhundert befindet sich im berühmten Kloster Hiranya Varna Mahavihar in Patan. Die Figur, in Bronze gegossen und in der Virasana-Pose (eine der bestimmten Sitzstellungen in der buddhistischen Ikonographie) dargestellt, gilt als eines der Meisterwerke der Kunst der frühen Malla-Periode. In der reich verzierten Krone ist der Buddha Amitabha abgebildet, aus dem der große Bodhisattva Lokeshvara hervorgegangen ist.

25 Detail eines Thangkas (Anfang des 16. Jahrhunderts, 130 × 120 cm). Das kostbare Stück stammt aus der Privatsammlung eines Priesters in Kathmandu. Es zeigt den vierköpfigen *Chakra Samvara* mit seiner *Pragyan,* seiner weiblichen Entsprechung. Die tantrische Gottheit spielt im Vajrayana-Buddhismus eine bedeutende Rolle.

29 Bhairava Die farbenfrohe Maske stellt Bhairava dar, den Gott des Schreckens und des Todes. Er ist die grausame Form Shivas. Die Masken werden zu gewissen Tänzen und Feierlichkeiten getragen. Heute sind sie als Souvenirs bei den Touristen sehr beliebt.

GESCHICHTE

Der Name Nepal ist sehr alt und wird zum ersten Mal im 4. Jahrhundert vor Christus in einem frühen indischen Dokument, der *Kautilya Arthasastra*, erwähnt. Das Buch spricht über Nepal im Zusammenhang mit seinen qualitativ hochstehenden Wollprodukten, die auf dem indischen Markt sehr gefragt waren. Diese Erwähnung Nepals ist nach heutigem Wissen das erste schriftliche Zeugnis über das Land.

Über das Wort *Nepal* gibt es interessante Erklärungen: Eine Legende erzählt, daß vor sehr langer Zeit das heutige Kathmandu-Tal von einem großen Urwald bedeckt war. Hier lebten nur einige Kuhhirten, die sich von ihren Herden ernährten. Eines Tages gab eine sehr gute Kuh keine Milch mehr; sie ging zu einem bestimmten Platz, zu dem ihr die Hirten nachfolgten. Als die Kuh an diesem Platz stand, begann die Milch wieder aus ihrem Euter zu fließen, ohne daß sie von jemandem berührt wurde. Plötzlich verschwand die Kuh im Erdboden. Die erstaunten Männer begannen nach ihr zu graben, doch zu ihrem Entsetzen schlug eine große Flamme aus dem Erdreich und vernichtete sie. Die Legende berichtet weiter von einem Einsiedler mit dem Namen Ne, der zwischen den beiden Flüssen Bagmati und Vishnumati meditierte. Dieser sah schon von weitem das Feuer, ging zu dem Platz und bedeckte die Flammen mit Erde. Damit bewahrte er das Tal vor seiner Vernichtung. *Ne* ist der Name des Eremiten, und *Pala* heißt bewahren, beschützen. In der tibetischen Sprache bedeutet *Ne* Haus und *Pala* Wolle, also Nepal das Haus der Wolle. In der Newarsprache bedeutete *Ne* Zwischenraum und Pa heißt Land, also das Zwischenland, mit dem das Land zwischen den Bergen gemeint ist. In anderen Legenden wird mit dem Begriff Nepal ein heiliger Platz der Götter bezeichnet.

Auch über den Ursprung des Kathmandu-Tales enthalten die nepalischen Chroniken mehrere Legenden, die einander sehr ähneln. Die vielleicht bekannteste Geschichte erzählt, daß vor langer Zeit der große *Bodhisattva Manjusri* aus China nach Nepal kam. Er galt als großer Lehrer und Offenbarer höchster Weisheit. Er gelangte zu einem großen See und fand eine herrlich strahlende Lotosblüte, in der sich ihm Buddha offenbarte. Nachdem Manjusri lange Zeit meditiert hatte, ging er zum südlichen Ufer des Sees, nahm sein Schwert und schlug eine tiefe Schlucht in die Berge. Die Wasser des Sees konnten entweichen; Menschen kamen, ließen sich nieder und bebauten das fruchtbar gewordene Land.

Als Urbewohner des Kathmandu-Tales bezeichnet man die *Newar*, die auch heute noch die größte Volksgruppe im Tal bilden. Ihre Herkunft ist nicht bekannt. Diese Newar wurden bis zum heutigen Tag von verschiedenen Geschlechtern, die meist aus Indien kamen, beherrscht. Wenn im folgenden die Rede von Nepal ist, so meinen wir bis zur Mitte des 18. Jahrhunderts allein das Tal von Kathmandu. Die Chronisten

erwähnen, daß verschiedene Dynastien in der Frühzeit über das Tal geherrscht haben, wie die *Somavamsi, Varni* und *Gopas.* Da aber bis heute keine konkreten Beweise ihrer Existenz entdeckt wurden, beginnt die Geschichte Nepals mit der *Kirate*-Dynastie. Nach den Chroniken sind die Kirate ein Volksstamm, der heute noch im östlichen Nepal lebt und schon vor den Licchavi über das Kathmandu-Tal regierte. Über die Kirate gibt es kein solides Dokument, doch gibt es eine Licchavi-Schrift, in der unbekannte Worte vorkommen, die man nicht im Sanskrit kennt. Daher ist anzunehmen, daß sie von den Kirate benutzt wurden. Im Tal hat man einige Kunstgegenstände gefunden, die sich nicht in die Licchavi-Periode einordnen lassen. Es liegt also nahe, daß sie von den Kirate hergestellt wurden.

Die Licchavi

Die älteste, datierte Inschrift des Landes, die wir auf der Säule von *Changu-Narayan* finden, stammt von dem Licchavi-Herrscher *Manadeva.* Diese Inschrift ist mit dem Jahr 464 nach Christus datiert und spricht unter anderem von einer kultivierten Gesellschaft in Nepal (Seite 87). So beginnt Nepals authentische Geschichte mit König Manadeva. Die Licchavi-Herrscher regierten bis ins 9. Jahrhundert. Sie hinterließen wertvolle Dokumente und viele Kunstgegenstände, die für eine hochentwickelte Kultur sprechen. Die Licchavi waren gebildet, tolerierten die unterschiedlichen Religionen und schufen hervorragende Architektur- und Skulpturwerke. Ausgewogene Proportionen der Gliedmaßen und Körper und die Einfachheit ihrer Ausführung sind die hauptsächlichen gemeinsamen Merkmale der Kunstwerke dieser Epoche. Gute Beispiele dafür bilden der halb versunkene *Buddha* in Pashupatinath (Seite 81), der schlafende *Vishnu* in Budhanilakantha (Seite 56), die Figur des *Buddha* (Seite 68) und die verschiedenen Vishnudarstellungen in Changu Narayan (Seite 88–92).
Im 7. Jahrhundert kamen einige Reisende aus China nach Nepal. Sie waren von den großen Palästen, besonders von dem des Königs *Narendra Deva*, sehr beeindruckt. In ihren Beschreibungen erzählen sie, daß der mehrstöckige Palast im Pagodenstil eine offene Halle besaß, die Tausenden von Menschen Platz bot. Außerdem bewunderten sie einen schön angelegten Brunnen mit vier vergoldeten Krokodilen, aus deren Rachen Wasserfontänen in die Luft spritzten. Um diesen Effekt zu erreichen, wurden die Wasser von den vielen Dächern durch ein System von Röhren zum Brunnen geleitet. Als Materialien für die Bauten wurden Holz und Ziegelsteine benützt, und die Pläne zeigten, daß die Dächer mehrstöckig übereinander errichtet wurden. Von den Gebäuden und Palästen dieser Zeit ist nichts mehr übriggeblieben; aber sehr wahrscheinlich baute man weiterhin im Pagodenstil. Die Kunsthistoriker von heute nehmen an, daß die Pagode eine nepalische Schöpfung ist.
Besonders bemerkenswert ist, daß man schon während der Licchavi-Zeit große, religiöse Toleranz übte. So erfahren wir, daß König Manadeva den Göttern beider Religionen huldigte und opferte – als Hindu und als Buddhist. Mitglieder seiner Familie fanden auch ihren Glauben in unterschiedlichen Religionen.
Neben dem Licchavi-Herrscher Manadeva ist noch besonders König

Amsuvarma hervorzuheben. Er vermählte seine Tochter *Bhrikuti* mit dem tibetischen König *Srong-btsan gampo* und sorgte damit für enge und freundschaftliche Beziehungen zu Tibet. Bhrikuti trug wesentlich dazu bei, daß sich der buddhistische Glaube Anfang des 7. Jahrhunderts in Tibet verbreiten konnte.
Der Hauptwirtschaftszweig im Nepal-Tal war die Landwirtschaft, die durch ein besonderes Bewässerungssystem gut entwickelt war. Eine Kleinindustrie produzierte z.B. Öl, Papier, Kupfermünzen und religiöse Figuren. Die Erzeugnisse wurden teils nach Indien und teils nach Tibet exportiert.
Die Geschichte Nepals nach den Licchavi ist unklar, unklar ist auch, wie diese machtvolle Dynastie ihr Ende nahm. Am 20. Oktober 879 wurde in Nepal eine neue Zeitrechnung eingeführt. Die Newar des Kathmandu-Tales feiern noch heute diesen Neujahrstag, indem sie die eigene Person verehren. Eine Gruppe von Gelehrten glaubt, daß nach den Licchavi ein neues Herrschergeschlecht (die *Thakuri*) zur Macht kam und diese Zeitrechnung einführte. Obwohl die Geschichte dieser Zeit völlig im dunkeln liegt, gibt es in Nepal eine Anzahl von Manuskripten und Kunstgegenständen aus dieser Periode. Die Skulptur von *Shiva* und *Parvati* (Uma/Maheshvar) in Patan, und der Sonnengott *Surya* (Seite 113) ebenfalls in Patan, sind wenige Beispiele. Das Nationalmuseum in Bhaktapur, das Nationalarchiv von Nepal und ein Priester in Patan besitzen eine Sammlung von Manuskripten und Malereien aus dieser Zeit zwischen Licchavi und Malla.

Die Malla

Das Malla-Geschlecht kam erstmals um 1200 im Tal von Kathmandu zur Machtentfaltung. Seine Herrschaft währte mehr als fünf Jahrhunderte bis zum Jahre 1768/69. Die ersten zweihundert Jahre des Regimes waren überschattet von Intrigen, Mordanschlägen und politischen Unruhen. Das Land erlebte mehrere kriegerische Auseinandersetzungen mit Fürsten aus Westnepal, Indien und dem Sultan *Shamshuddhin Illyas von Bengalen*, der Mitte des 14. Jahrhunderts mit seinen Truppen in Nepal einfiel. Die Moslems zerstörten und plünderten viele religiöse Bauwerke und eine große Anzahl von Kunstgegenständen. *Jaya Stithi Malla* (1382–1395), einer der bedeutendsten Malla-Regenten, gelang es Ende des 14. Jahrhunderts, wieder geordnete Verhältnisse in das zerrüttete Land zu bringen. Der zweite bedeutende König der frühen Malla-Dynastie war *Jaya Yaksha Malla* (1428–1482), der Enkel von Stithi Malla. Seine Regierungszeit währte ein halbes Jahrhundert lang. Er war ein tapferer, starker und kluger König, ein Patron der Künste, Literatur und Wissenschaften. Seine Gemahlin, die Prinzessin von Bhaktapur, schenkte ihm sechs Söhne. Der zweite Sohn, *Ratna Malla*, wurde von ihm zum Gouverneur von Kathmandu ernannt, um dortige Feinde des Königshauses zu kontrollieren. Nach dem Tode des Vaters ignorierte er seinen älteren Bruder, den König von Bhaktapur. Er erklärte Kathmandu zu einem unabhängigen Königreich. Mehr als hundert Jahre später tat es in gleicher Weise der junge *Siddhi Narasimha Malla*, der von seiner Mutter und seinem Großvater aufgezogen wurde. Er ging

nach Patan und erklärte Patan zu einem unabhängigen Königreich. Seine Regentschaft währte von 1620 bis 1661.
Im Kathmandu-Tal gab es nun drei unabhängige Königreiche, drei verschiedene Herrscher und die drei verschiedenen Hauptstädte Kathmandu, Bhaktapur und Patan. Die Herrscher waren wohlgebildet und das Land machte – trotz der Teilung – unter ihren Regimen gute Fortschritte: Wirtschaft und Handel, Religion und Erziehung entwickelten sich zu hohem Niveau. Die Kunst und die Architektur entfalteten sich zu hoher Blüte. Die Könige von Tibet erkannten bald den hohen künstlerischen Wert und die handwerkliche Reife der Arbeiten ihrer nepalischen Nachbarn. So wurden viele Architekten, Holzschnitzer, Maler, Gold- und Kupferschmiede nach Tibet berufen. In Lhasa kam es zu einer regelrechten Newari-Kolonie.
Im Nepal-Tal trafen sich die großen Weltreligionen. Nach dem Einfall der Moslems gesellte sich zu Hinduismus und Buddhismus noch der Islam; (Anfang des 18. Jahrhunderts kamen Missionare des Christentums. Sie waren zwar nicht willkommen, doch wurde ihnen erlaubt, die christliche Lehre zu verkünden. Die Missionsbemühungen der Kapuziner dauerten einige Jahrzehnte, blieben aber erfolglos. Nachdem die Gurkha das Tal besetzt hatten, wurden die Missionare von Prithvi Narayan Shah ausgewiesen.)
Die Malla-Herrscher waren fast durchweg Hindus, doch waren sie auch den buddhistischen Gottheiten ergeben und bauten Heiligtümer für die Götter beider Religionen. Sie betrachteten *Taleju* als ihre Familiengottheit; das ist der Grund, warum wir in allen drei Hauptstädten einen Tempel dieser Göttin finden. *Pratap Malla*, König von Kathmandu, erneuerte den Stupa von *Svayambhunath*, schrieb viele Hymnen zu Ehren Buddhas und verweilte Monate im Hinduheiligtum *Pashupatinath. Siddhi Narasimha Malla* ließ in Patan den berühmten Tempel aus Stein, den *Krishna Mandir*, erbauen und gab dem *Bodhisattva Avalokiteshvara* und dem *Shivalingam* einen Platz im selben Heiligtum. Das sind Beispiele für die Toleranz im damaligen Nepal, ebenso wie die vielen Feste und Veranstaltungen beider Religionen. Unzählige Heiligtümer und Kunstgegenstände (Tausende liegen heute noch verstreut im ganzen Kathmandu-Tal unter der Erde) wurden für die Gottheiten beider Religionen geschaffen. Unter den Malla erreichte das Tal somit seine Blütezeit und die nepalische Kunst ihren Höhepunkt.
Die große Malla-Dynastie endete 1768/69, als es dem Gurkha *Prithvi Narayan Shah* gelang, die Stadtkönige im Kathmandu-Tal zu besiegen.

Die Gurkha (Shah-Dynastie) und Rana

Gurkha (oder Gorkha), eine kleine Stadt 90 Kilometer nordwestlich von Kathmandu gelegen, wurde von den Shah regiert. Im 18. Jahrhundert besuchte ein Prinz von Gurkha, *Prithvi Narayan Shah*, den königlichen Hof von Bhaktapur und lebte dort einige Zeit. Er studierte die politische, wirtschaftliche und militärische Lage des damaligen Nepal und entschied sich, das Tal zu einem Reich zu vereinen. Der Prinz bestieg 1742 den Thron und versuchte, nun seine Herrschaft auch über das Tal von Kathmandu auszudehnen. Nach mehreren Feldzügen gelang es ihm endlich nach 26 Jahren, 1768 Kathmandu und Patan zu erobern. Ein Jahr später fiel auch Bhaktapur in seine Hände. 1770 erklärte er Kathmandu zur offiziellen Hauptstadt seines neuen Königreiches.

Unter den Shah von Gurkha wurde der neu geschaffene Staat nach allen Richtungen bis auf die fast doppelte Größe des heutigen Nepal ausgedehnt. Die Gurkha kämpften in Kashmir, Tibet, Sikkim und Indien. In den Jahren 1814 bis 1816 kam es zum sogenannten Anglo-Gurkha-Krieg, der im Frieden von Segauli 1816 beendet wurde. Die Engländer waren von der Disziplin und enormen Tapferkeit ihrer Feinde so beeindruckt, daß sie später, sogar noch im Zweiten Weltkrieg, ganze Gurkha-Regimenter in ihre Dienste stellten.

Das durch die vielen Kriege und inneren Streitigkeiten stark geschwächte Gurkha-Regime war in der ersten Hälfte des 19. Jahrhunderts in eine hoffnungslose Lage geraten, die der junge und ehrgeizige *Jang Bahadur Rana* nutzte, um im Jahre 1846 die Macht an sich zu reißen. Die Rana-Premierminister herrschten 104 Jahre über Nepal, während denen die rechtmäßigen Gurkha-Könige ein Schattendasein führten. Jang Bahadur war weitsichtig und wußte, wie wichtig es war, mit den englischen Kolonialherren in Indien auf gutem Fuß zu stehen. Er kam als erster nepalischer Herrscher, der eine Reise nach Europa unternahm, 1850 nach England, um der Königin Victoria einen Besuch abzustatten. Er starb im Jahre 1877. Einer seiner Nachfolger war der kluge *Rana Chandra Shamsher* (1901–1929), dem es gelang, die Sklaverei in Nepal zu beenden; er kaufte für mehrere Millionen Rupees alle Sklaven frei.

Nach dem Zweiten Weltkrieg kam es in Asien zu politischen Machtverschiebungen, die auch Nepal nicht unberührt ließen. 1947 löste sich Indien von der englischen Krone, und 1950 marschierten die Chinesen in Tibet ein. In Nepal kam es in dieser Zeit zu Volksaufständen gegen die Rana; unter der Führung von König *Tribhuvan* gelang es, dem Rana-Regime ein Ende zu bereiten. Die Grenzen Nepals, die während vieler Jahrzehnte geschlossen waren, wurden wieder geöffnet. König Tribhuvan erklärte Nepal zu einem demokratisch gelenkten Königreich. Nach seinem Tod im Jahre 1955 bestieg König *Mahendra* den Thron. Erstmals in der Geschichte Nepals wurden allgemeine Wahlen durchgeführt. Die Kongreß-Partei erhielt die Mehrheit und bildete ein Kabinett. Die Minister waren aber leider nicht zum Regieren fähig. Uneinigkeit, Mißgunst, Korruption und fehlendes Interesse an der gemeinsamen Sache zwangen den König, die Regierung aufzulösen. Er schuf eine neue Verfassung und führte das parteienlose *Panchayat-System* ein. Unter seiner guten Führung nahm das Land einen großen Aufschwung. Ein neuer Erziehungsplan und die Landreform wurden eingeführt; für die Volksgesundheit, das Transportwesen und die Kleinindustrie wurden wesentliche Verbesserungen und Neuregelungen geschaffen.

Nach seinem Tod im Jahre 1972 bestieg sein Sohn *Birendra Bir Bikram Shah Dev* den Thron. Am 24. Februar 1975 wurde er im alten Königspalast zu Kathmandu zum König von Nepal gekrönt. Er ist der zehnte Folger in der Shah-(Gurkha-)Dynastie.

HINDUISMUS UND BUDDHISMUS

Vor mehr als 3000 Jahren entwickelte sich auf dem indischen Subkontinent der *Hinduismus* aus der Vermischung der religiösen Ideen der eindringenden Arier und aus der Religion der Ureinwohner. Ausgrabungen in Mohendscho-Daro im Industal haben gezeigt, daß bereits im 3. Jahrtausend vor Christus Shiva und das Lingam verehrt wurden.
Die Götter der Arier, wie *Indra, Surya* und *Agni*, verloren im Lauf der Zeit an Bedeutung und wurden von Brahma, Vishnu und Shiva zurückgedrängt. Die Hindus glauben an diese Dreieinigkeit: den Schöpfer, den Erhalter und den Zerstörer.
Brahma ist im Hinduismus der Schöpfer allen Lebens. Er wird als Pitamaha, Großvater, bezeichnet und ist aus dem Nabel von Vishnu hervorgegangen. Er gilt als ein Gott mit wenig Charakter und wurde bald von den Hauptgottheiten Vishnu und Shiva verdrängt. Die wenigen erhaltenen Skulpturen zeigen Brahma mit Manuskript, Wassertopf, Rosenkranz und Opferlöffel. Seine Gattin *Sarasvati* ist die Göttin der Muse und Gelehrsamkeit.
Vishnu, der Erhalter, galt ursprünglich als der Oberbefehlshaber des Götterkönigs Indra. Seine Aufgabe bestand darin, diesen zu beschützen und seine Feinde zu bekämpfen. Durch seine Beliebtheit entwickelte er sich zum höchsten und meistverehrten Gott im Hinduismus. Von den zehn wichtigsten *Avataras* (Inkarnationen von Vishnu) spielen *Rama, Krishna, Narasimha* (Mannlöwe), *Varaha* (Eber) und auch *Buddha* eine bedeutende Rolle. Seine Gemahlin ist *Lakshmi*, die Göttin des Glücks und der Schönheit.
Shiva, der Gott des großen Hinduheiligtums Pashupatinath, ist für die Nepali von noch größerer Bedeutung als Vishnu. Der Gott, der die Welt im Tanz erschaffen hat, wird als die schaffende und die zerstörende Macht in der Form des Phallussymbols verehrt und verherrlicht. Das Symbol der Schöpfungskraft Shivas, die Einheit von *Lingam* und *Yoni*, finden wir tausendfach im Kathmandu-Tal. Seine Frau ist *Parvati*, sein Sohn der Elefantengott *Ganesha*.
Der Hinduismus, dessen Hauptquellen die Veden bilden, ist eine großzügige und tolerante Religion, die keine Dogmen kennt. Jedem Menschen ist es freigestellt, seinen eigenen Gott zu suchen, gleichgültig, ob er ihn in Shiva (Shivaismus), Vishnu (Vishnuismus), einem Tier, einer Pflanze oder in der Sonne findet, gleichgültig, ob er einen, viele oder keinen Gott verehrt. Hauptziel für den Hindu ist es, Erlösung von den Leiden zu erlangen, um dem Kreislauf seiner Wiedergeburten ein Ende zu setzen. Der Hinduismus kennt keinen Weltschöpfer, sondern das Dharma, das ewige, alles beherrschende Gesetz vom Entstehen und Vergehen. Das Dharma kennzeichnet auch den Lebensweg jedes Hindus mit den vier Abschnitten: Jugendzeit und Lernen, Beruf und Familienstand, Ruhestand und innere Einkehr, Abkehr von der Welt und Vorbereitung auf den Tod. Dieser Lebensweg fordert vom

gläubigen Hindu Toleranz, Wahrheit, Mitleid mit den Geschöpfen, Selbstdisziplin und Gewaltlosigkeit.

Um 600 vor Christus hatte sich der Hinduismus zu einer komplizierten und aufwendigen Religion entwickelt, die ganz von den Brahmanen, den obersten Priestern, beherrscht wurde. Nur sie kannten sich aus in den zahllosen Riten, Geheimlehren und Zeremonien, wodurch sie sich im Lauf der Zeit als die oberste Kaste etablierten. Es blieb nicht aus, daß es zu Reformbewegungen kam, zu denen Jainismus und *Buddhismus* zählen.

Buddhas Lehre war zuerst keine neue Religion, sondern eine Philosophie, die sich aus dem Hinduismus entwickelte und sich erst später als eine der fünf großen Weltreligionen fortsetzte.

Um das Jahr 560 vor Christus wurde in Lumbini, einer Ortschaft dicht an der indischen Grenze des heutigen Nepal, ein Prinz mit dem Namen *Siddhartha* geboren. Er stammte aus dem vornehmen Kriegergeschlecht der Shakya. Dieser historische Buddha, der in Geborgenheit und Reichtum aufwuchs, verließ eines Nachts sein Heim, um die große Wahrheit zu suchen: einen Weg, der zur Befreiung vom unendlichen Leid der Welt führt. Nach Jahren der Askese und der Meditation erlangte er die Erleuchtung und wurde so zu *Buddha*, dem Erleuchteten. Seine Lehre war einfach und verständlich, sie wandte sich an das ganze Volk und machte keine Unterschiede zwischen den Kasten – für ihn waren alle Menschen gleich. In seiner Lehre spricht er von den vier großen Wahrheiten, die da sind das Leiden, die Ursache des Leidens, die Heilung des Leidens und der achtfache Pfad, der zum Ende des Leidens führt. Dieser Pfad ist gekennzeichnet durch rechtes Leben und rechtes Handeln, rechtes Verstehen, rechtes Denken und rechtes Sprechen, rechte Bemühungen, rechte Gesinnung und rechte Meditation. Das ist der Weg zur völligen Erlösung, zum Nirvana, dem Ende des Leids, dem Ende der Wiedergeburten.

Nach Buddhas Tod gab es um seine Lehre Verwirrung unter seinen Anhängern. Sie spalteten sich in zwei Gruppen. Die eine, die Buddhas Lehre weiterverfolgte, waren die Hinayanisten. Im *Hinayana* (das Kleine Fahrzeug) *Buddhismus* war Buddha die historische Gestalt, der Reformator, der Mensch.

Die progressive Gruppe, die die Lehre veränderte, nannte sich Mahayanisten. Der *Mahayana* (die Große Laufbahn oder das Große Fahrzeug) *Buddhismus* sah in Buddha das höchste Wesen der Welt und den höchsten Gott. Im Mahayana entwickelte sich die Idee des *Bodhisattva*: Ein Bodhisattva ist ein Mensch oder ein himmlisches Wesen, das auf Nirvana und Buddhaschaft verzichtet, um im Laufe von unzähligen Inkarnationen den Menschen und Kreaturen zu helfen und sie von ihrem Leid zu befreien. Das Mahayana wurde im Lauf der Zeit vom Hinduismus sehr stark beeinflußt, so daß sich ein großes Pantheon mit vielen Göttern entwickelte.

Der Buddhismus, der sich über Ostasien ausbreitete, verschwand in seinem Ursprungsland im 13. Jahrhundert. In Nepal aber konnte er sich bewahren. Seit über zwei Jahrtausenden kommen hier beide Religionen, Hinduismus und Buddhismus, in friedlicher Koexistenz miteinander aus und durchdringen sich gegenseitig.

FESTE

Jemand hat einmal richtig bemerkt, daß es in Nepal mehr Fest- als Kalendertage gibt. Es vergeht kein einziger Tag, an dem nicht die Menschen in ganz Nepal oder in irgendeinem Teil des Landes Feste feiern; die meisten werden schon seit Jahrhunderten überliefert, und die Nepali erfreuen sich daran bis heute – ohne Unterschied ihres sozialen Standes. Obwohl alle diese Feste religiösen Charakter haben, ist in ihnen auch die faszinierende Geschichte und Kultur des Landes bewahrt.
Nepal kennt verschiedene Arten der Zeitrechnung, und die Feste fallen auf unterschiedliche Tage in den verschiedenen Jahren. Die wichtigsten Feste im Kathmandu-Tal werden im folgenden aufgeführt. Der Einfachheit halber stellen wir sie nach dem christlichen Kalender vor.

Januar/Februar
Basanta Panchami oder Sripanchami. Dieses Fest wird zur Ehre des kommenden Frühlings gefeiert. Die Nepali besuchen die Schreine der Göttin *Sarasvati*, Göttin des Lernens und des Wissens, auf einem kleinen Hügel in der Nähe des Stupa von Svayambhunath und an anderen Plätzen im Tal. Es ist der Tag, an dem Jungen und Mädchen die erste Lektion im Alphabet bekommen. Im Hanuman Dhoka, dem alten Königspalast, werden dem König und seinen Ministern Frühlingslieder vorgetragen.

Februar/März
Maha Shivaratri. Dieses große Fest wird zu Ehren des Gottes *Shiva* gefeiert. Tausende von Gläubigen von überall aus Nepal – und Indien – huldigen dem Gott in Pashupatinath. In der Tempelanlage von Pashupatinath wird gebetet und geopfert, und am Nachmittag präsentiert sich der König auf dem Paradefeld in einem königlichen Pavillon. Zu einem bestimmten Moment wird ein Kanonenschuß abgefeuert; viele Leute beginnen dann augenblicklich, in ihren Gärten Gurken und Kürbisse zu pflanzen. Die Kinder sammeln in allen Stadtteilen Gaben, um Feuer für Shiva zu machen, damit er es schön warm habe.

März/April

Ghodejatra. Dies ist eines der wichtigsten Feste der Newar-Kommunen im Kathmandu-Tal. Das Fest dauert drei Tage und beginnt mit der Anbetung von *Mahadeva* und acht verschiedenen Muttergottheiten. Während des Festes werden die Gottheiten in ihren Sänften von den Menschen durch Straßen und Gassen der Stadt getragen. Auf den Altären der Muttergottheiten opfert man Vögel und andere Tiere, deren Fleisch später für die Festmahlzeit verwendet wird. Auf dem großen Paradeplatz Tundikhel werden Spiele und ein Pferderennen veranstaltet. Dieses Rennen wurde von *Jang Bahadur Rana*, dem ersten Rana-Premierminister, 1852 eingeführt und wird seither jedes Jahr wiederholt.

April/Mai

Bisket-Fest. Die Bewohner von Bhaktapur feiern dieses Fest am Neujahrstag der nepalischen Vikram-Zeitrechnung. Am letzten Tag des alten Jahres werden auf dem Platz vor der Pagode des Nyatapola zwei Fahnenmasten und die Tempelwagen von *Brahma*, *Ganesha* und *Bhairava* aufgestellt.

Nach den Legenden Nepals stellen die beiden Masten einen Lehrer und seine Frau dar. *Sekhara Acharya*, der Lehrer und Ratgeber eines ehemaligen Königs, war bekannt für seine übersinnlichen Kräfte. Er hat zu seiner Zeit das Königreich vor allen Sorgen und Gefahren bewahrt und konnte unter anderem einmal durch die Kunst der Verwandlung eine Invasion fremder Krieger abwehren. Eines Tages bat ihn seine Frau, ihr eine Riesenschlange zu zeigen. Um ihr den Wunsch zu erfüllen, verwandelte er sich in einen Python, nicht ohne von seiner Frau vorher verlangt zu haben, ein Reiskorn nach ihm zu werfen, damit er sich wieder in Menschengestalt zurückverwandeln werde. Die Frau jedoch war so erschrocken, als sie die Schlange sah, daß sie das Reiskorn schluckte. Augenblicklich verwandelte sie sich auch in einen Python. Beide krochen zum königlichen Palast in der Hoffnung, der König befreie sie aus ihrer mißlichen Lage. Schon nach wenigen Tagen erkannte der Herrscher in den Schlangen seinen Lehrer und dessen Frau. Er wurde sehr traurig, weil er nicht helfen konnte, und ließ zur Erinnerung an dieses Ereignis zwei hohe Masten aufstellen – und so geschieht es noch heute. Die Malla-Könige fügten dem Fest später verschiedene attraktive Feiern hinzu und übernahmen die gesamten Kosten für diese Veranstaltungen.

Mai/Juni

Das Fest des Roten Macchendranath. Dieses Fest findet immer vor Monsunbeginn in Patan statt. Die Leute glauben an *Macchendranath*, den Gott des Regens und als solcher auch Gott des Friedens und Gedeihens. Die Legenden erzählen, daß Nepal vor langer Zeit unter einer zwölfjährigen Dürre litt. In dieser verzweifelten Lage brachte man Macchendranath ins Land – danach setzte die Regenzeit ein. Noch heute wird das Fest für den Regen zelebriert, denn ohne ihn gibt es keinen Frieden und kein Gedeihen. Das Standbild des Roten Macchendranath wird in Bungamati, etwa drei Kilometer südwestlich von Patan, aufbewahrt. Für das sich jährlich wiederholende Fest wird das Idol gewaschen, angemalt und auf einen riesigen Tempelwagen plaziert. Der Wagen mit seinem etwa 15 Meter hohen Aufbau wird einen Monat lang mit langen Seilen von Hunderten von Menschen durch die Straßen Patans gezogen, gefolgt von dem kleinen Wagen des *Minanath*. Am Ende des Festes wird in Jawalakhel eine Jacke zur Schau gestellt, die seit langer Zeit bei Macchendranath in Verwahrung liegt. Bis heute hat sich ihr Besitzer nicht gemeldet, und daher wird das Spektakel jedes Jahr wiederholt.

Buddha Jayanti oder die Wiederkehr des Geburtstages von *Buddha*. Lumbini, der Geburtsort von Gautama Buddha, liegt im heutigen Nepal. Das Geburtsfest wird von den Menschen im ganzen Land gefeiert. Der Stupa von Svayambhunath ist der Hauptanziehungspunkt für unzählige Nepali. Während des Tages und bis in die Nacht hinein finden Prozessionen, Gesänge und Gottesdienste zu Ehren Buddhas statt.

Juli/August
Ghantakarna oder Gathemuga. Dieses Fest wird von den Bewohnern Kathmandus begangen zum Schutze vor Gespenstern und bösen Geistern. Schon vor langer Zeit – erzählt die Legende – glaubten die Leute an einen Dämon mit dem Namen *Ghantakarna*. Er war Atheist und predigte den Menschen, nicht an die Götter zu glauben. Der Dämon war ein unermüdlicher Helfer der Armen, die Reichen aber verabscheute er. Er trug immer eine laut bimmelnde Glocke mit sich herum, so daß niemand die Namen der Götter hören konnte. Nach seinem Tod wurde er von Kastenlosen bestattet, da er selbst ein Kastenloser war. Als Helfer der Armen genießt er in der Erinnerung der Bevölkerung großes Ansehen; deshalb feiern die Leute noch heute dieses Fest und stellen Bildnisse von ihm in vielen Teilen der Stadt zur Schau.
Nach einer anderen Überlieferung brachte einmal ein Dämon Sorge und Unruhe über das Kathmandu-Tal. Er war besonders stark, und niemand vermochte ihn zu töten. Der Dämon plante eines Tages einen Überfall auf die Stadt, den er ganz früh am Morgen, wenn die Einwohner noch fest schliefen, ausführen wollte. Ein Frosch bemerkte ihn und rettete die Stadt, indem er die Menschen aufweckte und den Dämon mit List und Tücke in einen Spalt führte, aus dem er sich nicht mehr befreien konnte. Viele Menschen kamen zusammen und gemeinsam töteten sie den Unhold. Seine Leiche wurde einen Tag lang zur Schau gestellt und später von den Unberührbaren verbrannt. Die Befreiung von dem Dämon war Anlaß zu einem Freudenfest, das jährlich bis zum heutigen Tag gefeiert wird. An Straßenkreuzungen werden Strohpuppen aufgestellt, die am Abend auf einer nahegelegenen Verbrennungsstelle verbrannt werden. Verschiedene tantrische Gottheiten werden angebetet, um frei vom Geist des Dämons zu bleiben. An diesem Tag tragen die Leute auch eiserne Ringe am Körper und nageln eiserne Stifte an die Haupteingänge der Häuser und Tempel, um den Geist des Dämons und das Böse fernzuhalten.

August/September
Gai Jatra oder das Kuhfest. Dieses Fest wird von allen Bewohnern des Tales beachtet und besonders von denen gefeiert, in deren Familien im Vorjahr Angehörige gestorben sind. Es wird geglaubt, daß sich die Toten auf ihrem Weg zum Himmel am Schwanz einer Kuh festhalten. Besonders Kinder und Jugendliche verkleiden sich als Kühe und ziehen durch die Straßen. Die Umzüge werden am späten Nachmittag beendet; das Fest wird dann mit Tänzen, Liedern und spaßigen Szenen fortgesetzt.

Indra Yatra ist vielleicht das schönste und eleganteste Fest in Kathmandu. Am Hanuman Dhoka, dem alten Königspalast, wird ein großer, hölzerner Mast errichtet, an seinem Fuß ein Bild von *Indra*, dem Gott des Himmels und des Regens, aufgestellt. Der Stamm des Baumes ist besonders ausgesucht und zu einem bestimmten Zeitpunkt in Nala gefällt worden. Mit dem Aufstellen des Mastes beginnt das Fest, das acht Tage dauert. Zu dieser Zeit ist der Monsun größtenteils vorüber, und die Menschen bitten Indra, ihr Getreide nicht durch schwere Regengüsse zu vernichten. Die Standbilder des Gottes werden während der Festtage in den wichtigsten Schreinen gezeigt. Außerdem werden Hunderte von *Bhairava*-Gesichtern in den Straßen aufgestellt. Am dritten Festtag wird *Kumari*, die Lebende Göttin, in einem Tempelwagen durch die Straßen der Altstadt gezogen. Ihr folgen zwei Wagen mit *Bhairava* und dem Elefantengott *Ganesha*, die durch zwei Jungen dargestellt werden. Am Abend kommt am Hanuman Dhoka eine riesige Volksmenge zusammen, um sich am »Freibier« aus dem Munde des Gottes *Sveta Bhairava* zu ergötzen. Maskentänze, bei denen verschiedene Gottheiten dargestellt werden, bilden weitere Attraktionen. Manche Nepali besuchen auch Indra-Daha, einen Wassertank, westlich von Kathmandu gelegen, um darin zu baden. Die buddhistischen Newar veranstalten Prozessionen rund um die Stadt. An jeder Wegekreuzung oder an jedem Ort, wo sich ein Tempel, eine Statue oder irgendein Heiligtum befindet, streuen sie Blumen, Reis- und Gerstenkörner aus. Indrachowk und Hanuman Dhoka sind die Zentren dieses Festes; hier finden Tänze und Gesänge bis tief in die Nacht hinein statt. Nahe dem Haus der Kumari werden auf den Tempelplattformen zehn Inkarnationen Vishnus in pantomimischen Szenen vorgeführt. Dieses Fest wurde schon im alten Indien gefeiert. Die lokalen Legenden erwähnen, daß Indra die Parijat-Blume eines Korallenbaumes gestohlen hatte; er wurde erwischt und gefangengenommen und später von seiner Mutter während des Festgeschehens befreit.

September/Oktober
Dasain oder Durga Puja ist das nepalische Nationalfest und dauert 15 Tage lang. In der Mythologie der Nepali heißt es, daß *Rama*, der König von Ayodhya, den Dämonenkönig *Ravana* von Sri Lanka am zehnten Tag des Festes getötet hat. Das Fest wird daher als Sieg Ramas über die bösen Kräfte gefeiert. Während der gesamten Zeit der Festlichkeiten bleiben die öffentlichen Ministerien geschlossen. Am ersten Festtag wird

eine Kalasha als Göttin *Durga* verehrt, zu der Rama vor seinem Kampf mit dem Dämonenkönig gebetet hat, und in den meisten Häusern Kathmandus pflanzt man auf den Hausaltären einen Gerstensamen. Im ganzen Tal werden Schreine der Göttin Durga aufgesucht, und besonders am siebenten Tag wird sie mit viel Begeisterung verehrt. Am achten und neunten Tag opfert man vor ihren Tempeln und Schreinen unzählige Tiere: Schafe, Ziegen, Hühner, Enten und Büffel. Mit dem zehnten Festtag beginnt Vijaya Dasami, das nochmals sechs Tage dauert; in dieser Zeit geben die Alten ihren jüngeren Verwandten den Segen.

Oktober/November
Tihar oder Lichterfest. Es dauert fünf Tage. Alle Häuser und Tempel werden mit unzähligen Lichtern erleuchtet. Das Fest gilt der Verehrung der Geschwister untereinander. Auch den Krähen, Hunden und Kühen erweist man Ehre, indem man ihnen reichlich Fressen gibt und sie mit Blumen schmückt. Am fünften Tag bitten die Brüder und die Schwestern den Gott des Todes, *Yama*, um ein langes Leben und gutes Gedeihen für die Geschwister. In diesen Tagen begehen viele Newar das Neujahrsfest – nach einem Kalender, der am 20. Oktober 879 eingeführt wurde.

November/Dezember
Bala-Chaturdasi. Während dieses Festes werfen die Nepali verschiedene Getreidekörner in dem Wald aus, der an den Tempelbezirk von Pashupatinath grenzt. Auch die Menschen, die im vergangenen Jahr in ihren Familien einen Toten zu beklagen hatten, besuchen Pashupatinath und verstreuen Getreidesamen für das Wohlergehen der gegangenen Seelen. Die Festteilnehmer kommen von weit her, tanzen, singen und zünden bei Anbruch der Dunkelheit Lichter an. Am folgenden Morgen nehmen sie ein Bad in der Bagmati und gehen durch den Wald von Mrigasthali, um wieder Getreidesamen auszuwerfen.
In alten Legenden steht geschrieben, daß dieses Fest auf Wunsch des Gottes *Shiva* eingeführt wurde. Es war einmal ein Mann namens *Bala Nanda*, der sein Mahl während einer Leichenverbrennung zu sich nahm. Zufällig wurde vom Feuer ein Stück Gehirn auf seinen Fuß geschleudert, das er unwissentlich aß. Da verwandelte er sich in einen Unhold mit Silberkopf und verzehrte seither alle Leichen, die man zur Verbrennung brachte. Die Menschen beklagten sich deshalb über ihn beim König; dieser versprach demjenigen eine große Belohnung, der den Unhold töten würde. *Brishav Singh*, ein Freund von Bala Nanda, war von der Belohnung so angezogen, daß er versprach, ihn umzubringen. Nach langer Meditation ging er hin und tötete seinen Freund. Im Anschluß an die Tat opferte Brishav Singh den silbernen Kopf von Bala Nanda, wie Shiva ihm geheißen hatte, und bat den Gott, ihn von der begangenen Sünde zu befreien. Shiva sprach ihn frei und sagte, daß jeder, der an diesem besonderen Tag unterschiedliche Samenkörner verstreut, nicht nur den Himmel erfreue, sondern auch seine Kinder und Kindeskinder bis in die siebte Generation von Sorgen und Nöten befreie.

KATHMANDU

Kathmandu, die Hauptstadt Nepals, ist gleichzeitig der größte Ort des Landes und eine der interessantesten und an Kunstobjekten reichsten Städte unserer Erde.
In den Chroniken, den Vamsavalis, heißt es, daß die Stadt von König *Guna Kama Deva* am Zusammenfluß der beiden Flüsse Bagmati und Vishnumati gegründet worden sei. Ferner glauben die Chronisten, daß der Licchavi-Herrscher *Narendra Deva* den Palast Bhadradhivasa Bhavan im 7. Jahrhundert errichten ließ. Obwohl weder Tempel noch Paläste jener Zeit erhalten geblieben sind, glauben nepalische Historiker fest, daß irgendwo in der Stadt unentdeckte Dokumente dieses Herrschers vorhanden sind.
Kathmandu liegt 1400 Meter über dem Meer in einem weiten Tal, das von grünen Bergen umgeben ist; an klaren Tagen kann man die hohen Himalayaberge von der Annapurna II, dem Manaslu und dem Himalchuli im Westen über Ganesh- und Langtang-Himal im Norden bis hin zum heiligen Gaurisankar im Osten sehen. Der Kathmandu-Distrikt hat heute mehr als 350000 Einwohner, die hauptsächlich zwei großen ethnischen Gruppen angehören, von denen die eine indo-arischer und die andere tibeto-birmanischer Herkunft ist. Zu der letzteren zählen die Newar, die Ureinwohner des Kathmandu-Tals. Ihnen verdanken wir die meisten der herrlichen nepalischen Tempel und Kunstschätze.
Der Legende nach hat der Malla-Herrscher *Lakshmi Narasimha Malla* (1620–1641) den Kastha Mandap-Tempel erbaut. Dieser Bau soll aus dem Holz eines einzigen Baumes errichtet worden sein. Kastha Mandap heißt Haus aus Holz; von ihm ist der Name Kathmandu abgeleitet worden. Aber aus vorhandenen Quellen ist bekannt, daß der Name Kastha Mandap schon im 12. Jahrhundert bekannt war. Es ist daher sehr wahrscheinlich, daß schon vor diesem Holztempel ein anderes Gebäude mit dem gleichen Namen bezeichnet wurde.

33 Hanuman Dhoka Als *Hanuman Dhoka* bezeichnet man den gesamten Komplex des alten Königspalastes in Kathmandu. Dazu zählen nicht nur der eigentliche Palast mit seinen Innenhöfen, Tempeln und Wasseranlagen, sondern auch die vielen in seiner Umgebung stehenden Pagoden, Schreine, Standbilder und Wohnhäuser. Die Anlage im Zentrum der Altstadt hat ihren Namen vom Affengott *Hanuman,* dessen Standbild dicht beim Tor *(Dhoka)* des Königspalastes steht. Rechts im Bild die kleine *Bhagavati-Pagode* mit ihren schönen Fensterstöcken und reichen Schnitzarbeiten. Links im Hintergrund die höchste Pagode der Stadt, der auf zwölf Plattformen ruhende *Taleju-Tempel* mit der Familiengottheit der Könige. Diese Pagode der Göttin Taleju ist nur für Hindus zugänglich. In der Bildmitte erhebt sich die dreistöckige *Degutaleju-Pagode,* auch ein Heiligtum der Göttin Taleju.

34 Detail des Shiva-Parvati-Tempels Der kleine Tempel wurde in den Jahren 1786 bis 1795 von *Bahadur Shah* erbaut. Der Tempel steht auf einer zweistufigen Plattform, die eine Inschrift enthält mit dem Hinweis darauf, daß dieser Platz schon im frühen 17. Jahrhundert – lange vor Erbauung des Tempels – als Bühne für verschiedene Aufführungen diente. Aus einem Fenster im ersten Stock schauen Gott *Shiva* und seine Gattin *Parvati* heraus, um das Marktleben unter sich zu beobachten. Über dem Ziegelgesims steht eine Reihe geschnitzter Soldaten.
Der Shiva-Parvati-Tempel mit seinen meisterhaften Holzschnitzarbeiten wurde zu den Krönungsfeierlichkeiten im Februar 1975 völlig restauriert.

35 Obst- und Gemüseladen am Hanuman Dhoka Das Kathmandu-Tal ist eine der fruchtbarsten Gegenden von ganz Nepal.
Nirgends im Land werden so viele Arten von Obst und Gemüse angebaut wie hier. Die junge Newar-Frau verkauft an ihrem Stand beim Königspalast außer verschiedenen Sorten von Orangen und Mandarinen kleine und wohlschmeckende Bananen, Tomaten, Bohnen, Zwiebeln und Wurzeln. Auf ihrem Schoß hat sie ein kleines Kind liegen, von dem nur das Füßchen unter der Decke hervorschaut. Links der Bildmitte eine mit geschnitzten Ornamenten versehene Holzsäule.

36 Die Geburt Buddhas in einem Hain bei Lumbini Das in grauem Kalkstein gearbeitete, 84 cm hohe Relief stammt aus dem 9. Jahrhundert und befindet sich im Nationalmuseum von Kathmandu. Prinz Siddhartha Sakya, der spätere *Buddha Gautama*, wurde geboren, als seine Mutter zu den Eltern ihres Mannes reiste. Auf dem Weg nach Lumbini brachte sie das Kind unter einem Salbaum zur Welt.

Das Relief zeigt die Mutter in graziöser Haltung unter dem Baum stehend. Sie umfaßt mit beiden Händen einen Ast mit Blüten und Früchten. Geschmückt ist sie mit einem Diadem über der Stirn, Ohrringen und zwei Halsketten. Neben ihr auf einer doppelten Lotosblüte der kleine Siddhartha. Über ihm befinden sich in den Wolken zwei himmlische Wesen, die ihn mit himmlischem Wasser und mit Lotosblüten baden.
(Dies ist die einzige Aufnahme dieses Buches, die in einem Museum fotografiert wurde.)

39 Steinskulptur von Bhagabansthan in Chabahil Die Figur stammt aus der frühen Licchavi-Periode im 5. Jahrhundert, ist etwa 40 cm hoch und stellt eine Person in anbetender Stellung dar. Dicht bei dieser Skulptur steht eine Inschrift aus dem Anfang des 5. Jahrhunderts. Sie berichtet von einer Frau, die in großer Verehrung und Hingabe *Buddha* darum bittet, in ihrem nächsten Leben ein Mann sein zu dürfen. Es ist wahrscheinlich, daß sich Inschrift und Figur aufeinander beziehen.

40 Lausende Frau und stillende Mutter Eine Frau befreit eine stillende Mutter von lästigem Ungeziefer. Daß eine Mutter ihrem Kind die Brust gibt, ist die natürlichste Sache der Welt. Die Szene wäre in unserer hochzivilisierten, modernen und »fortschrittlichen« Welt kaum denkbar.

41 Jamuna in Naxal Chardhunge Die lebensgroße Statue der Göttin *Jamuna* stammt aus dem 17. bis 18. Jahrhundert. Sie steht an einer Mauer in Naxal Chardhunge, einem Stadtteil von Kathmandu.
Die Göttin symbolisiert den heiligen Fluß Jamuna. Er entspringt in den hohen Bergen des Garhwal Himalaya und mündet bei Allahabad in die heilige Ganga, den heiligsten aller Flüsse.
Jamuna hält in der rechten Hand einen Topf mit rotem Puder, mit dem die Frauen den Scheitel ihrer Haare bestreuen zum Zeichen, daß sie verheiratet sind. Der schöne, edel geschwungene Körper der Jamuna ist mit einem Blumenkranz geschmückt. Unter ihren Füßen eine Schildkröte, die das Wasser darstellt.

42 Kleines Mädchen im Fenster Die Holzschnitzkunst in Nepal offenbart sich vielleicht am eindrucksvollsten in einer großen Anzahl von herrlichen Fenstern der verschiedensten Formen und Typen. Das Bild zeigt ein Detail eines Gaa Jhyal; dies ist die Bezeichnung für eine balkonartige Fenstergruppe.
Die beiden Aufnahmen 42 und 43 entstanden im Innenhof eines Privathauses in der Altstadt von Kathmandu. Die Bilder täuschen aber über die Wirklichkeit hinweg, denn der gesamte Innenhof ist völlig verwahrlost. Eingestürzte Mauern und eingefallene Dächer, großartig geschnitzte Einzelfenster und Fenstergruppen, die der Witterung und dem Verfall preisgegeben sind, zeigen das wahre Bild. Es ist ein allgemeingültiges Beispiel für die Situation von Tausenden von Kunstwerken im Kathmandu-Tal: Weder die einzelnen Bürger noch die nepalische Regierung vermögen die notwendigen Mittel aufzubringen, um die kostbaren Kunstgegenstände zu erhalten.

43 Fenster eines Privathauses Im gleichen Innenhof befindet sich dieses quadratische Fenster. Der kleine Ziergiebel wird von den beiden inneren runden Säulen getragen. Auf diesen sind Lotosblumen, gewundene Zweige und Blüten eingeschnitzt. Die drei beieinanderstehenden Pfeiler auf jeder Seite zeigen Kalasha, den Wassertopf, Kamala, die Lotosblume, und einen vierarmigen Vishnu darunter. Diese Pfeiler werden von zwei Yaksha-Paaren getragen, die damit ihre Stärke demonstrieren (rechts und links unten im Bild). Zu beiden Seiten des aus Blumen gewundenen Ziergiebels halten Kimnaras, die himmlischen Musikanten, Girlanden, um den Fensterschauer zu begrüßen. Die Balken über dem Fenster sind verziert mit Lotosblumen und »Dhalinkhna«, den Gesichtern von verschiedenen Beschützern, die dem Fenster Glück bringen sollen. Am oberen Bildrand sind Blätter von Lotosblumen angeordnet, die eine sakrale Reinigung bedeuten. Rechts und links über dem Ziegelwerk je ein fliegender Drache. Das Fenster ist etwa 130 Jahre alt.

44 Tibetischer Teppich In den Jahren 1959/60 flohen viele Tausende Tibeter nach Nepal und Indien. Das kleine Nepal konnte mit dem Flüchtlingsproblem nicht allein fertig werden und war auf fremde Hilfe angewiesen, die in vorbildlicher Weise hauptsächlich von Schweizer Bürgern geleistet wurde.
Unter verschiedenen Einrichtungen gründeten sie für die Tibeter in Kathmandu und Patan Teppichwebereien, in denen das Foto aufgenommen wurde. Heute werden tibetische Teppiche aus Nepal in alle Welt versandt.

45 Töpferladen Der kleine Laden befindet sich beim Tempel des Weißen Macchendranath in der Altstadt Kathmandus. Er ist nur eine Verkaufsstelle, denn die meisten Töpfereien liegen in Thimi und Bhaktapur.
Die größeren Behälter dienen hauptsächlich der Wasseraufbewahrung und im Haushalt. Andere Vasen und Töpfe werden für Blumen und Pflanzen gebraucht. Die kleinen Schalen und Becher werden unter anderem als Behältnisse für sakrale Zwecke verwendet. Rechts im Bild eine volle Schale mit Rauchutensilien. Links neben dem Verkäufer drei Elektrokocher.

46 Garuda Am *Hanuman Dhoka* in Kathmandu steht vor dem dreistöckigen *Narayan Mandir* (Vishnu-Tempel) diese über 2 m große Garuda-Figur. Die aus einem Stein gefertigte Statue stammt aus dem Jahre 1690 und zählt zu den besten und schönsten Steinskulpturen des späten Mittelalters in Nepal. Dieser Garuda wurde dem *Trailokya Mohan Vishnu* von der Königin-Mutter Riddhi Lakshmi Devi, dem König Bhupalendra Malla und dem Minister Lakshmi Narayan Chautara geschenkt. Bis heute ist in Nepal noch keine zweite monolithische Figur dieser Größe gefunden worden.
Garuda ist der Begleiter, das Fahrzeug und der größte Verehrer des Gottes *Vishnu*. Als mythischer Vogel wird er in Männergestalt mit Flügeln dargestellt. Man findet ihn vor allen Vishnu-Schreinen in kniender und betender Stellung, allzeit bereit, seinem Herrn zu dienen.

47 Narasimha Die Skulptur (150 cm hoch, 90 cm breit) steht am Eingang zum königlichen Palast in Kathmandu. *Narasimha* ist die vierte Inkarnation *Vishnus*. Er erscheint als Mannlöwe und tötet den furchtbaren Dämonenkönig *Hiranya Kasyapa*, der so stark war, daß er von niemandem, an keinem Ort und zu keiner Stunde getötet werden konnte – außer von Narasimha. Das aus schwarzpoliertem Stein geschaffene Standbild ist mit vergoldeten Ornamenten verziert. In den Händen trägt Narasimha Keule und Diskus, die typischen Kennzeichen für Vishnu. Die Skulptur ließ König Pratapa Malla im Jahre 1673 errichten. Standbilder von Narasimha finden wir auch an den Eingängen der Königspaläste in Patan und in Bhaktapur.

48 Chaitya in Chabahil Auf dem Weg nach Bodhnath, am östlichen Rand von Kathmandu, liegt der Platz Bhagabhanstan. In der Legende heißt es, daß einmal der indische Kaiser Ashoka mit seiner Tochter Charumati nach Nepal reiste. Diese verliebte sich in einen nepalischen Prinzen und heiratete ihn. Die Legende berichtet auch, daß sie ein Kloster gründete und den Stupa von Chabahil erbauen ließ. Der Stupa ist von einer Anzahl schöner Figuren und einigen Chaityas umgeben. Chaitya und Stupa sind Bezeichnungen für Bauwerke, die als Gedenkstätten dienen. In ihnen befinden sich die Reliquien von Verstorbenen. Der Chaitya auf diesem Bild ruht auf einer Plattform und besteht aus vier sich verjüngenden Stufen, die in eine Kuppel einmünden. Achtundvierzig Nischen sind symmetrisch rund um alle vier Stufen angeordnet. Sie waren alle einmal mit unterschiedlichen Figuren besetzt. Die Zwischenräume sind geschmückt mit mythischen Wesen, Drachen, stilisierten Stupas und – auf der dritten Stufe – mit Kshepus, den Regenmachern. Im Hintergrund rechts der Stupa von Chabahil mit den Augen Buddhas und der Nische eines Dyanibuddhas. Die Anlage stammt aus der frühen Licchavi-Periode (5.–6. Jahrhundert).

51 Tempel in Handigaon Handigaon, ein nordöstlich gelegener Stadtteil von Kathmandu, gilt als einer der ältesten Plätze im Tal. Man nimmt an, daß mehrere Licchavi-Herrscher hier ihre Residenzen hatten. Alte Garuda-Statuen, das Standbild Vishnus in Form eines Ebers aus dem 5. Jahrhundert, die Reste einer Brunnenanlage und einige sehr alte Shivalingams sind die Zeugen aus jener Epoche. Das archäologische Institut in Kathmandu hat hier Ausgrabungen unternommen, doch fehlen die finanziellen Mittel, um die Forschungsarbeiten in größerem Stil fortführen zu können. Das Bild zeigt den von einem Bodhi-Baum zerstörten Tempel Astabhuja Hari Krishna, der dem achtarmigen *Krishna* geweiht ist. In Nepal finden wir sehr oft kleine Tempel und Schreine, die von Wurzeln durchdrungen und überwuchert sind. Irgendwann einmal hat sich der Same, z.B. der eines Bodhi-Baumes, im Mauerwerk oder auf der Kuppel des Heiligtums eingenistet und Wurzeln geschlagen. Die Nepali sehen darin einen göttlichen Akt; sie lassen daher die Wurzeln sich voll entfalten und gebieten dem zerstörerischen Werk keinen Einhalt.

52 Kala Bhairava *Kala, Parvati, Uma* und *Durga* gelten als die weiblichen Formen *Shivas*. Kala Bhairava ist die zerstörende Form von Shiva. Während des jährlichen nepalischen Nationalfestes, des Durga Puja, werden der Kala Bhairava viele Ziegen und Büffel geopfert. Aber nicht nur während dieser Festtage im September/Oktober, sondern täglich kommen gläubige Menschen, um zu beten und um ihr Reis, Blumen oder Münzen als Opfer zu bringen.
Die Entstehungszeit des riesigen Standbildes ist ungewiß. Es wurde bei Bauarbeiten für eine Bewässerungsanlage außerhalb von Kathmandu unter der Erde gefunden. König Pratapa Malla (1641–1674) ließ es an seinem heutigen Standplatz in der Nähe des alten Palastes aufstellen.

53 Töpfer in Thimi Die kleine Ortschaft Thimi liegt an der alten Straße, die von Kathmandu nach Bhaktapur führt. Die meisten Bewohner dieser Ortschaft leben vom Kunsthandwerk – der Töpferei und Maskenherstellung.
Dieser Handwerker und Künstler hat seine aus Lehm geschaffenen Erzeugnisse vor dem Haus ausgestellt und aufgehängt. Unten links und rechts große Blumentöpfe. Links neben dem Eingang eine Wasserkanne, unterschiedlich große Blumenvasen und einige Tabakpfeifen. An der Wand Vögel und kleine Masken; darüber drei Hängelampen. Auf dem Ziegelgesims befinden sich weitere Blumentöpfe, zwei große Lampenständer und eine Wasserpfeife. Stier und Pfau dienen als Behälter für Blumen.

54 Steg über die Vishnumati Die Vishnumati, ein Nebenfluß der Bagmati, bildet die westliche Begrenzung der Altstadt von Kathmandu. Mehr als ein halbes Dutzend Brücken verbinden diese mit den westlichen Außenbezirken.
Unmittelbar neben dem zweispurigen Steg spannt sich eine schmale und schwankende Hängebrücke über den Fluß. Der Steg wird in der Trockenzeit bevorzugt, da er den Trägern mit ihren oft weit ausladenden Lasten einen bequemeren Übergang bietet. Im Bild Wasserbüffel und zwei Träger mit Tragstangen.

55 Fenstergruppe am Shiva-Parvati-Tempel Dieser Tempel am Hanuman Dhoka wurde während der Regierungszeit von Bahadur Shah (1786–1795) erbaut. Von besonderem Interesse ist die dreiteilige Fenstergruppe an der östlichen Seite, welche ganz in Stein gearbeitet ist. Auf unserem Bild hält unter ihr ein Mann seinen Mittagsschlaf. Das mittlere, rechteckige Fenster wird durch zwei markante Pfeiler von den beiden äußeren getrennt. Auf ihnen befinden sich zwei Göttinnen als Wächter. Die Pfeiler werden von mythischen Löwen getragen. In der Mitte unter den einzelnen Fenstern drei weitere Gottheiten. Dies ist die einzige in Stein gearbeitete Fenstergruppe in Nepal.

56 Schlafender Vishnu in Budhanilakantha Am Fuße des Shivapuri im Norden von Kathmandu liegt in einem Teich diese riesige Vishnufigur auf einem Schlangenbett. Die Statue stammt wahrscheinlich aus dem 7. Jahrhundert und ist eine der schönsten Steinskulpturen der Licchavi-Kunst. Denn eine Inschrift aus dieser Zeit berichtet über einen großen Stein, aus dem eine Vishnuskulptur geschaffen werden sollte. Man erzählt, daß ein König von Kathmandu einmal einen schrecklichen Traum hatte, der ihn warnte, den schlafenden Vishnu zu besuchen. So soll seit dem 17. Jahrhundert kein König mehr zu diesem Platze gegangen sein.

59 Tempel in Kirtipur Dieser Tempel aus dem Jahre 1684 ist dem großen *Bodhisattva Avalokiteshvara* geweiht. *Lokeshvara,* wie er auch genannt wird, verkörpert das große Mitleid mit den Menschen und allen Kreaturen. Er ist der beliebteste Bodhisattva in Nepal. Im Lauf der Zeit wuchs im Gemäuer des Tempels ein Bodhi-Baum heran, der mit seinen Wurzeln das Heiligtum beinahe völlig überwuchert hat. Die Inschrift auf einer großen Steintafel an dem Tempel spricht davon, daß man ihn zu den Krönungsfeierlichkeiten eines Königs von Patan erbauen ließ.
Die Stadt Kirtipur liegt auf einem langgezogenen Bergrücken, etwa vier Kilometer westlich von Patan. Die drei Personen haben ihren Arbeitsplatz nach draußen verlegt, um mehr Platz und besseres Licht zu haben.

60 Orangenverkäufer Schon vor der Morgendämmerung hat sich dieser Bauer mit einer Last Orangen und anderen Früchten auf den Weg gemacht, um sie in Kathmandu zu verkaufen. Am Asan Tole, einer großen, sehr belebten Kreuzung mehrerer Straßen, hat er sich hingehockt und ist eingeschlafen.

61 Tympanon am Chusya Bahal Dieses herrlich geschnitzte Tympanon aus dem 16. Jahrhundert schmückt den Haupteingang des Chusya Bahal, einem ehemaligen Kloster in Kathmandu. Die Hauptfigur in der Mitte, auf einer Lotosblume sitzend, ist *Pragyan Paramita* im Dharma Charka Pravartan Mudra. Mudras und Asanas sind Hand- und Beinstellungen in der buddhistischen Kunst. *Pragyan Paramita* ist die Göttin der übersinnlichen Weisheit und die weibliche Komponente *Buddhas*.
Über ihrem Kopf befindet sich *Garuda*, der menschenähnliche Vogel. Zu ihrer Rechten und Linken *Yakscha* und *Yakschini*, die je ein kleines Postament stützen, auf denen sich zwei Kobramädchen befinden, die der Göttin das himmlische Wasser spenden. Diese Szene ist umgeben von fünf Taras, die vor den acht Arten der Angst und Furcht beschützen. In der Mitte oben ein großer Kshepu (Regenmacher) mit zwei Schlangen in seinen Händen. Fliegende Drachen und andere mythische Geschöpfe symbolisieren Regen und Glück.

STUPAS VON SVAYAMBHUNATH UND BODHNATH

In Nepal, dem Geburtsplatz von *Gautama Buddha*, gibt es mehrere schöne Stupas, die zu den ältesten Asiens zählen.
Ein Stupa ist ein religiöses Bauwerk, in dem die Reliquie eines verbrannten Körpers aufbewahrt wird. Vor langer Zeit verstand man unter Stupas Bauten zur Erinnerung an die Toten. Während der veddischen Periode, 1500 Jahre vor Christus, war damit die Flamme eines Feuers oder die Sonne gemeint.
Nach dem Tode Buddhas errichteten seine Anhänger mehrere Stupas über seinen Reliquien. Es war üblich, solche Denkmäler auch für Frauen und Männer zu erbauen, deren Erinnerung gepflegt werden sollte. Die ersten dieser Bauten waren schlichte Erdhügel, die auf einem breiten Fundament standen und sich nach oben hin symmetrisch verjüngten.
Der große indische Kaiser *Ashoka* reiste einst mit seiner Tochter nach Nepal. Der Legende nach heiratete diese einen nepalischen Prinzen; sie ließ in Bhagabhanstan den Stupa von Chabahil errichten. Die vier Erdhügel (Stupas) an den vier Enden Patans werden ihrem Vater Ashoka zugeschrieben.

Der Stupa von Svayambhunath ist das älteste buddhistische Heiligtum in Nepal. Dieses berühmte Bauwerk steht etwa zwei Kilometer nordwestlich von Kathmandu entfernt, auf einem Hügel hundertfünfzig Meter über dem Talboden. Der Stupa ist von vielen kleinen Chaityas, Andenkenläden und Klöstern umgeben. Die lokale Legende schreibt Svayambhunath ein Alter von 2500 Jahren zu. Die ersten Dokumente über die Anlage sprechen von einem indischen Mönch, der den Stupa im 11. Jahrhundert besuchte. Das Vorhandensein von zwei stehenden *Buddhas* aus dem 9. und 10. Jahrhundert beweist, daß ein Heiligtum zu dieser Zeit auch existiert hat. Spätere Dokumente berichten von Sultan Shamshuddin, der Mitte des 14. Jahrhunderts in Nepal einfiel und den Stupa von Svayambunath zerstörte. Zwölf Jahre später wurde er aber wieder aufgebaut. Eine fundierte wissenschaftliche Studie über diesen Stupa gibt es bis heute nicht.
Über den Ursprung des Heiligtums erzählt die Legende, daß vor langen Zeiten das Tal von einem großen See ausgefüllt und von hohen Schneebergen umgeben war. *Vipasvi Buddha* saß auf dem Hügel Nagarjun und meditierte. Er warf einen Lotossamen in den See hinunter, und bald entfaltete sich eine große wunderschöne Blume. Als

der große *Bodhisattva Manjusri* sich auf einer Reise von China nach Indien befand, gelangte er zu diesem See und erblickte die herrlich strahlende Lotosblüte, in der sich Buddha ihm in einem überirdischen Leuchten offenbarte. Manjusri nahm sein Flammenschwert und schlug eine Bresche in die Berge. Nachdem die Wasser ausgelaufen waren, kamen Menschen und siedelten auf dem fruchtbaren Boden. König *Prachandadeva* aus dem östlichen Nepal ließ über der Lotosblume einen Stupa erbauen, den man Svayambhunath nannte. Gemeint ist damit der selbst entstandene und sich selbst offenbarende Gott.
Die Grundformen des Stupas von Svayambhunat sind im *Mandala* (kreisförmiges Bild mit unterschiedlichen geometrischen Räumen) begründet. An seinem weißen Kuppelbau sind neun Nischen angebaut, in denen sich fünf Dyanibuddhas und vier Buddha Shaktis, ihre weiblichen Entsprechungen, befinden. Der Stupa hat zusätzlich noch fünf Schreine, die die Elemente repräsentieren:

1. *Vasupur* ist der Schrein der Erde. In ihm befindet sich ein Abbild *Vasundharas*, der Göttin der Erde und des Universums.
2. *Nagapur* ist der Schrein für das Element Wasser. Nagas sind die Schlangen, von denen man glaubt, daß sie den Regen verursachen, also das Element Wasser.
3. *Agnipur*; dieser Schrein ist dem Feuer geweiht.
4. *Vayupur* ist der Schrein der Luft. Ihm opfern und huldigen Tausende von Bewohnern aus Kathmandu und Patan vor dem Fest des Macchendranath. Man erbittet, daß die Festlichkeiten von Sturm und Unwetter verschont bleiben.
5. *Shantipur* ist der Schrein des Himmels und gleichzeitig dem Stupa Svayambhunath gewidmet.

Unter dem Schrein Shantipur soll sich in einem Kellergewölbe ein Manuskript auf einer Schlangenhaut befinden. Diese wurde mit einem Knochen als Feder und dem Blut der Schlange beschrieben. Nach der Legende glaubten die Menschen fest daran, daß man bei Dürre und Hungersnot das Schriftstück hervorholen müsse, um den nahrungsspendenden Regen zu erhalten. Als einstmals eine große Dürre das Land heimsuchte, baten die Menschen ihren Herrscher, die Schlangenhaut aus dem Keller zu bringen. Der König *Pratapa Malla* stieg selbst hinunter und brachte das geheimnisvolle Manuskript hervor. Kurze Zeit darauf fiel schwerer Regen auf das ausgedorrte Land. Derselbe König stattete den Stupa mit einem großen *Dorje* aus. (Der vergoldete Donnerkeil befindet sich auf einem Mandala am Fuß der großen Treppe.) Die beiden Shikharatempel *Pratapapur* und *Anantapur* tragen seinen und seiner Gemahlin Namen. Die im Jahre 1647 erbauten Tempel sind unbekannten tantrischen Gottheiten geweiht. Im selben Hof gibt es zwei Klöster. In dem einen befindet sich eine überdimensionale Statue des *Buddha Shakyamuni* in der Geste der Erdberührung. Im zweiten Kloster finden wir im Obergeschoß eine Sammlung wertvoller Schriften und schöne Figuren.
Ganz dicht beim Stupa steht die zweistöckige, vergoldete Pagode der Göttin *Hariti*, der mythischen *Yakshini*, die zur Zeit Buddhas lebte. Diese Yakshini, so berichtet die Legende, hatte fünfhundert Kinder. Um sie alle ernähren zu können, tötete sie viele Kinder von anderen

Müttern. Eines Tages gingen all die unglücklichen Eltern zu Buddha und baten ihn, ihre Kinder zu beschützen. Buddha eilte in das Haus der Yakshini und entführte ihr jüngstes Kind. Als sie ihr geliebtes Baby nicht finden konnte, ging auch sie zu Buddha und bat ihn um Hilfe. Er erklärte ihr, daß so wie sie ihr Kind liebt, alle Eltern ihre Kinder lieben. Sie bereute ihre Missetaten und entschied sich, ihre Fehler nicht zu wiederholen. Seit der Zeit ist sie von Buddha beauftragt, alle Kinder der Welt zu beschützen. Im Volksmund ist sie bekannt als *Ajima*, die Urgroßmutter. Viele Eltern kommen von nah und fern mit ihren Babies und Kleinkindern, beten und opfern der Göttin Hariti, damit sie die Kleinen vor Pocken und anderen Krankheiten schütze.
Die Anlage von Svayambhunath, wie wir sie heute sehen können, ist das Produkt einer Bautätigkeit, die sich über viele Jahrhunderte erstreckte. Immer wieder wurde repariert, renoviert und verändert, und die verschiedenen Herrscher des Tales haben die Anlage von Svayambhunath mit immer mehr Kunstschätzen ausgeschmückt und schöner gestaltet.

65 Der Stupa von Svayambhunath Er ist das älteste Heiligtum in Nepal; ein Wallfahrtsort für Buddhisten und Hindus. In der Mitte der Anlage die mächtige, weiße Kuppel, umgeben von mehr als 200 Gebetsmühlen. Über dem Kuppelbau der mit vergoldeten Kupferplatten belegte Kubus mit den Augen Buddhas. Darüber die turmartige Spitze mit 13 vergoldeten Stufen und dem Schirm. Die beiden weißgetünchten Shikharatempel, links und rechts des Stupas (rechts fast ganz verdeckt), ließ Pratapa Malla im Jahre 1646 erbauen.

66 Dyanibuddha Akshobhya auf Svayambhunath Diese Figur (Höhe 60 cm) stellt Akshobhya, einen der fünf Dyanibuddhas oder Meditationsbuddhas dar. In der Mythologie hat man ihm Elefanten als Reittiere gegeben; zwei tragen seinen Thron. Rechts und links der Elefanten je zwei Gläubige im Gebet. Über dem Kopf der Figur ein kleiner Chaitya. Akshobhya ist umgeben von verschiedenen mythischen Kreaturen. Die Skulptur ist 1161 entstanden.

67 Gebetsmühlen Der gesamte Stupa von Svayambhunath wird von diesen kupfernen Gebetsmühlen umgeben. Jeder einzelne Zylinder ist mit Mantras (Anbetungsformeln) beschrieben, dem bekannten *Om Mani Padme Hum* – etwa: O du Juwel in der Lotosblume – oder mit Asha Samate Puraye Hum – Laß Gott erfüllen die Wünsche für alle. Mit diesen und anderen Mantras sind auch die Papierrollen im Innern der Zylinder bedruckt. Durch Drehen im Uhrzeigersinn werden sie in Bewegung gesetzt, damit die Gebete zigtausendfach gesprochen werden. Unter den Gebetsmühlen befinden sich kleine Näpfe für Öllichter.

68 Buddha auf Svayambhunath Das Gesicht einer in Überlebensgröße stehenden Buddhafigur. Ein gutes Beispiel für Ausdruckskraft und handwerkliches Können am Ende der Licchavi-Epoche (9.–10. Jahrhundert).

Der *Stupa von Bodhnath* liegt etwa sechs Kilometer östlich von Kathmandu. Er zählt zu den größten Stupas in Asien. Nepalische Legenden geben ihm ein Alter von etwa 2000 Jahren. Schriftlich wird er erstmals im 7. Jahrhundert erwähnt: Die Chroniken berichten, der Stupa sei damals erneuert und um ihn herum seien mehrere Häuser erbaut worden. Es gibt zwei Legenden über den Ursprung dieses Stupas, eine nepalische und eine tibetische.
In der tibetischen Legende erfahren wir, daß *Sachi*, die Königin des Himmels, zwei Töchter hatte. Die eine wurde *große* und die andere *kleine Purnima* genannt. Eines Tages beachtete die kleine Purnima die Regeln des Himmels nicht, denn sie pflückte in einem fremden Garten Blumen. Wegen dieser Tat fiel sie vom Himmel und wurde im Lande Nepal als Tochter einer einfachen Familie geboren. Diese Familie mit dem Namen Sukholtamaderi unterhielt eine kleine Geflügelfarm. Das Mädchen wurde groß, heiratete und gebar vier Söhne. Sie handelten mit Geflügel, Hunden und Schweinen und verdienten viel Geld. Aus Dankbarkeit entschied sich Purnima dazu, einen Stupa zu bauen. Sie ging zum König und bat ihn, ihr für den Bau das notwendige Stück Land zu geben. Eifersüchtige Leute jedoch ersuchten ihn, ihr die Bitte abzuschlagen, da sie als Kind einer einfachen Familie geboren worden sei. Sie bat den König nochmals, ihr doch nur soviel Land zu geben, wie es der Größe einer Bullenhaut entspricht. Dieser gewährte ihr den Wunsch. Mit Klugheit und Feingefühl begann sie das Fell auszudehnen und zu weiten, bis es groß genug war. Nachdem ihr das Landstück bewilligt war, machte sie sich mit ihren vier Söhnen, einem Diener, einem Esel und ihrem Lieblingsbullen an die Arbeit. Als das die Leute sahen, kamen Tausende und halfen mit. Trotz regelmäßiger Arbeit erbauten sie in vier Jahren nur die Hälfte des Stupas. Purnima wurde krank und starb. Ihre Söhne führten das Werk zu Ende, und drei Jahre nach ihrem Tod war es vollendet. Die Legende schreibt von 2555 Arbeitstagen. Am Einweihungstag waren unzählig viele Menschen und all die verschiedenen Bodhisattvas anwesend. Als göttliches Zeichen bebte zweimal die Erde.
Die nepalische Legende erzählt, daß eines Tages in Kathmandu ein Brunnen versiegte. Der damalige Herrscher *Dharmadeva* war sehr betrübt darüber; er versuchte vergebens, das Wasser wieder fließen zu lassen. Während eines Traumes wurde ihm empfohlen, sich bei den Astrologen Rat zu holen. Er ließ sie zu sich kommen und bat sie um Hilfe. Die Astrologen überlegten lange und betrachteten einander schweigend. Der König bewegte sie zum Reden und erfuhr, daß die Quelle nur dann wieder Wasser gäbe, wenn ein Mann geopfert werden würde. Er beschloß, sich selbst zu opfern, und befahl seinem Sohne, in der Nacht den Mann zu enthaupten, der am Rande des Brunnens schliefe. Der König ging hin und legte sich schlafen; Körper und Kopf bedeckte er mit einem weißen Tuch. Der Prinz kam mit seinem Schwert und enthauptete den Mann, wie ihm befohlen worden war. Das Wasser begann im selben Moment zu quellen. Am Tag darauf erfuhr der arme Prinz von seiner unglücklichen Tat. Voll Trauer und Reue ging er zur Göttin *Vajra Jogini* und erflehte ihren Rat. Sie verlangte von ihm, einen Stupa an jener Stelle zu errichten, zu der ein von ihr ausgesandter Vogel

hinfliegen würde. Der Prinz folgte dem Vogel zu jenem Platz, wo sich heute der Stupa von Bodhnath befindet. Als er mit den Bauarbeiten begann, herrschte als Folge seiner sündigen Tat eine zwölf Jahre lang dauernde große Dürre. So mußte er zwölf Jahre lang den Tau der kühlen Nächte auffangen, um das notwendige Wasser zu erhalten.
Der Stupa, der die Reliquien des *Buddha Kashyapa* enthalten soll, hat fünf besondere Merkmale:

1. Die Gebetsmühlen, die den gesamten Bau umgeben, enthalten auf dicht gewickelten Papierrollen das große Mantra *Om Mani Padme Hum* und andere Gebetsformeln.
2. Die weiße kuppelartige Halbkugel, die auch *Garva* genannt wird, enthält ein goldenes oder ähnliches Kästchen mit einer Reliquie. Die Halbkugel symbolisiert außerdem den Platz des himmlischen *Buddha Vairocana*.
3. Die Augenpaare an den vier Seiten des Kubus über der Kuppel werden unterschiedlich ausgelegt und erklärt: die vier Augenpaare bilden die Symbole für Glück, Freundlichkeit, Zuneigung und Liebe; die Augen repräsentieren den Buddha Vairocana; Buddha beobachtet alle Menschen. Niemand kann gutes oder böses Handeln seinen Blicken entziehen. Das Fragezeichen zwischen den Augen weist den Weg zum Meer der Glückseligkeit.
4. Die dreizehn verschiedenen Stufen des Turmes stellen die dreizehn verschiedenen Welten oder Himmel dar, von denen jede einzelne von einem Bodhisattva beaufsichtigt wird. Sie stellen auch die dreizehn Reinkarnationen dar, die notwendig sind, um das Nirvana zu erlangen, die völlige Befreiung von allem Irdischen, das Überwinden jeglichen Wollens und aller Wünsche, das für den Buddhisten das höchste Ziel bedeutet. Beim Stupa von Bodhnath wird das Nirvana durch die symbolisierte Lotosblüte, die schirmähnliche Spitze, dargestellt.

71 Der Stupa von Bodhnath Dieser Stupa ist mit Tausenden von bunten Gebetsfahnen geschmückt. Rund um die weiße Halbkugel, die keinen Eingang hat, eine Reihe kleiner Nischen mit verschiedenen Figuren.

72 Chawskamini in Bodhnath Chawskamini ist die schreckliche Form der friedvollen Göttin *Tara*. Sie kämpft gegen Dämonen und böse Geister. Die vergoldete Bronzefigur zeigt, wie sie *Mara,* den Dämonen, tötet und seine Eingeweide verschlingt.

73 Detail des Stupas von Bodhnath

74 Bettelmusikant in Bodhnath mit seiner selbstgebauten, dreisaitigen Fiedel (Serenghi).

BUBBLE GUM

PASHUPATINATH

Der heiligste aller Tempel in Nepal ist der von Pashupatinath. Er ist *Shiva* geweiht. *Pashupati* ist eine Form von Shiva, der im Symbol des Lingams (männliches Glied) verehrt wird. Dieses hat vier Gesichter, die nach vier Seiten gerichtet sind. Shiva wird als fünfköpfiger Gott bezeichnet, doch der fünfte Kopf ist an den Lingams nicht, also nur symbolisch, vorhanden.
Der Legende nach hat dieser Tempel seinen Ursprung in der nepalischen Frühgeschichte. Es gibt authentische historische Dokumente, die die Existenz des Tempels im 7. Jahrhundert beweisen und davon zeugen, daß der Gott Shiva schon lange vor dieser Zeit verehrt wurde. Mitte des 14. Jahrhunderts drang der islamische Sultan *Shamshudchin* in Nepal ein; die Moslems plünderten und zerstörten auch die meisten Heiligtümer in Pashupatinath. Das Hauptlingam im Innersten des Tempels wurde in drei Teile zerschlagen. Im Jahre 1360 wird es von *Jaya Simha Rama* wieder neu ersetzt. Seit Ende des 15. Jahrhunderts ist es Gesetz, daß zu diesem Hauptlingam nur vier Brahmanen aus Südindien, aber keine Nepali, Zutritt haben; sie allein behüten das Heiligtum.
Das Bauwerk, wie wir es heute sehen, wurde im 17. Jahrhundert während der späten Malla-Periode errichtet. Seither wurde es im Auftrag mehrerer Herrscher immer kostbarer und prunkvoller ausgestaltet. Die Tempelanlage von Pashupatinath wurde so mit ihren Schreinen und Figuren zur kunstreichsten und wertvollsten in Nepal. Die vielen und manchmal reichen Opfergaben der Gläubigen ermöglichten es auch, die Dächer des Tempels zu vergolden und seine vier Eingänge aus purem Silber herzustellen. *Jugat Jang*, der Sohn von *Jang Bahadur Rana*, ließ 1877 schließlich den riesigen, vergoldeten Bullen Nandi in der Anlage errichten. Bis zum Jahre 1924 existierte in Nepal die Sklaverei. *Chandra Shamsher* beendigte dieses Übel, indem er mit mehreren Millionen Rupees, die er dem Tempelschatz von Pashupatinath entnahm, die Sklaven freikaufte.
Der Tempel ist nur für Hindus zugänglich. Jedes Jahr kommen Tausende von Pilgern aus dem gesamten indischen Subkontinent, um hier das Shivaratri-Fest zu feiern. Die Tempelanlage liegt am heiligen Fluß Bagmati. Für viele fromme Hindus ist es der Wunsch, die letzten Tage ihres Lebens in Pashupatinath zu verbringen und am Ufer der Bagmati verbrannt zu werden. Kurz vor dem Tode eines alten und kranken Menschen bringt ihn seine Familie hierher, denn die Nepali glauben, daß jeder, der hier stirbt, sein Seelenheil erlangt. Deshalb befinden sich in Pashupatinath viele Gebäude, in denen alte und kranke Menschen auf den Tod warten.
Die vielen kleinen Lingamtempel, die wir im Umkreis des Heiligtums finden, sind Denkmäler zur Erinnerung an Verstorbene. Diese kleinen Tempel wurden hauptsächlich von den herrschenden und wohlhabenden Familien errichtet. Wenn ein Yogi stirbt, wird er nicht verbrannt, sondern in Sitzstellung begraben. Über seiner Ruhestätte erstellt man ein kleines Lingam.

77 Die Tempelstadt Pashupatinath Der zweistöckige Haupttempel überragt mit seinen goldenen Dächern eine Anzahl von kleineren Tempeln und Schreinen. Ringsum befinden sich Wohnhäuser und die Herbergen für alte und sieche Menschen.
Links die Verbrennungsstätten Arya Ghat. Die Brücke führt über die heilige Bagmati und weiter über eine breite Steintreppe hinauf zu einem Hügel mit weiteren Tempeln und vielen Lingamschreinen.

78 Shivalingam in Pashupatinath Shiva wird schon seit undenklichen Zeiten in Form eines Lingams verehrt. Der Gott wurde als *Panchanana*, der Fünfköpfige, beschrieben, aber nur vier Gesichter werden an den vier Seiten der Plastiken dargestellt. Shivalingams werden gewöhnlich auf einem die Yoni (Symbol für das weibliche Geschlecht) darstellenden Stein errichtet. Die Vereinigung zwischen Yoni und Lingam versinnbildlicht Schöpfung und Schöpfungskraft. Die Plastik auf diesem Bild hat einen Durchmesser von 45 und eine Höhe von 50 cm.

79 Detail eines Shivalingam in Pashupatinath

80 Vishnu Vikrantamurti in Pashupatinath Vikrantamurti gilt als die Zwerginkarnation Vishnus. Die stark beschädigte Darstellung gilt als die älteste datierte Skulptur, die man im Kathmandu-Tal gefunden hat (Seiten 91 und 93); sie ist um 467 entstanden, hat eine Höhe von 80 und eine Breite von 60 cm.

81 Halb versunkener Buddha in Pashupatinath Diese lebensgroße Buddhastatue (Höhe 100 cm) aus dem 5. oder 6. Jahrhundert steht am rechten Flußufer, am Eingang zum Nava Durga-Tempel. Die Einfachheit der Linien, die Ausgewogenheit der Proportionen und der sparsame Umgang mit schmückenden Elementen sind typische Merkmale der Plastik aus der frühen Licchavi-Periode.

82 Uma/Maheshvar in Pashupatinath Diese Skulptur aus der frühen Licchavi-Zeit ist etwa 1400 Jahre alt. Die Darstellung zeigt Gott *Shiva* mit seiner Gattin *Parvati* auf dem heiligen Berg Kailash. Der Bulle Nandi, Shivas Reittier, liegt zu seiner Rechten. Über den abgeschlagenen Köpfen befinden sich zwei Begleitpersonen des Gottes mit je einem Dreizack auf ihren Schultern. Ganz unten ein Trommler und zwei Tänzer.

83 Steinskulptur von Bhairava in Pashupatinath Bhairava ist u.a. eine Schutzgottheit für Tempel, die *Shiva* geweiht sind. Besonders im 17. und 18. Jahrhundert hat man im Kathmandu-Tal viele Abbilder Bhairavas geschaffen, die Gottheit aber meist nur in Form eines Kopfes dargestellt. Während des Indra Jatra-Festes im August bis September werden Bhairava-Figuren verehrt und auf den Straßen ausgestellt.

84 Totenverbrennung in Pashupatinath Eine der vielen Plattformen, auf denen die Toten verbrannt werden. Die Größe des Scheiterhaufens richtet sich meist nach dem sozialen Stand der Familie. Holz ist teuer und muß immer von weit außerhalb herbeigebracht werden.

CHANGU NARAYAN

Die Tempelanlage von Changu Narayan liegt etwa 13 Kilometer östlich von Kathmandu und wenige Kilometer nördlich von Bhaktapur. Der Tempel befindet sich auf der Bergkuppe Doladri, gute 250 Meter über dem Talboden, und kann nur zu Fuß erreicht werden. Die Anlage gilt als Freilichtmuseum für nepalische Kunstschätze; sie zählt zu den ältesten und schönsten Sehenswürdigkeiten des Kathmandu-Tals.
Der reich verzierte und mit schön geschnitzten Dachstreben versehene zweistöckige Tempel ist dem Gotte Vishnu geweiht. Der Legende nach wurde er während der Regierungszeit des Königs *Harisulta Varmas* im Jahre 325 erbaut. Der Name Changu Narayan ist abgeleitet von dem Wort Champaka Narayana, dem Gott Narayan aus dem Champaka-Baum. Es gibt eine interessante Geschichte über die Herkunft dieses Gottes.
Man erzählt, daß vor langer Zeit – im Satyayuga (Diamantzeitalter) – ein Brahmane von Vishnu während eines Kampfes getötet wurde. Vishnu wurde deshalb dazu verflucht, von einem Brahmanen enthauptet zu werden. Damals lebte ein Brahmane mit seiner Milchkuh an dem Ort, wo sich heute die Tempelanlage befindet. Eines Tages gab die Kuh plötzlich keine Milch mehr, worüber ihr Eigentümer sehr erstaunt war. Zu seiner noch größeren Verwunderung sah er einen

jungen Mann daherkommen, der die Kuh molk und die Milch trank. Der erboste Brahmane folgte ihm, um ihn zu töten; der junge Mann aber verschwand in einem Champaka-Baum. In seiner Erregung schlug der Brahmane mit seinem Messer ins Geäst des Baumes, woraufhin ein enthaupteter Vishnu erschien. Dieser erklärte dem Brahmanen die ganze Geschichte und lebte seitdem an diesem Platz, der später Changu Narayan genannt wurde.
Was immer die Legende auch erzählen mag, die Tempelanlage Changu Narayan existierte schon vor dem 5. Jahrhundert, wie es die Inschrift des Königs Manadeva aus dem Jahre 464 auf der Säule am Tempel bestätigt. Der Haupttempel der Anlage, die Pagode, steht in einem rechteckigen Innenhof, der auf allen Seiten von Gebäuden umgeben ist. In diesem Hof befindet sich eine Anzahl von Figuren, die hauptsächlich Vishnu in unterschiedlichen Darstellungen zeigen. Sie gehören zu den schönsten Stücken der nepalischen Kunst.
An allen vier Seiten hat die Pagode Eingänge, die von Löwen, Elefanten, Greifen und Pferden bewacht werden. Alle Eingänge haben Dreifachtüren, die mit je einem schönen Tympanon geschmückt sind. Die beiden 45 Grad zueinander geneigten Dächer der Pagode werden von insgesamt vierzig hölzernen Dachstreben getragen. Diese sind herrlich geschnitzt und zeigen die unterschiedlichen Götter der Hindu-Dreieinigkeit, meistens die mehr oder weniger unterschiedlichen Inkarnationen Vishnus. Als die Streben im 18. Jahrhundert erneuert wurden, wurden die Schnitzereien auch durch die islamische Kunst beeinflußt. Der Haupttempel ist von mehreren kleinen Tempeln für die Gottheiten *Shiva, Ganesha, Vishnu* und *Chinnamasta,* den geköpften Gott, umgeben. Der kleine Tempel Chinnamastas hat übrigens die gleichen Proportionen wie der große Haupttempel.
Da die Tempelanlage im Lauf der Zeit immer wieder erneuert und ausgebessert wurde, kann man heute den ursprünglichen Bau nicht mehr erkennen. In alten Schriften jedoch wurde die Pagode von reisenden Chinesen bereits im Jahre 646 erwähnt, beschrieben und gepriesen, so daß wir heute genaue Vorstellungen von der ehemaligen Architektur haben. Es gibt auch Aufzeichnungen, die davon sprechen, daß der Tempel im Jahre 1702 niederbrannte und danach in seiner ursprünglichen Gestalt wieder aufgebaut wurde.

87 Inschrift auf Changu Narayan Diese wichtige Inschrift ließ König Manadeva aus dem Geschlecht der Licchavi in eine etwa 4 m hohe Säule eingravieren. Sie ist das erste datierte Schriftzeugnis (464) Nepals, das man bis heute entdeckt hat. Mit ihr beginnt die authentische Geschichte des Landes.

88 Vishnu auf Garuda Diese großartige Steinskulptur aus der Zeit der Licchavi ist heute auf den nepalischen Zehn-Rupees-Scheinen abgebildet.
Garuda, das Reittier *Vishnus*, hat die Flügel zu einem Thron für seinen Herrn geformt. Vishnu hält in seinen Händen Diskus, Keule und Muschel. Die Lotosblüte in der rechten Hand ist abgebrochen.

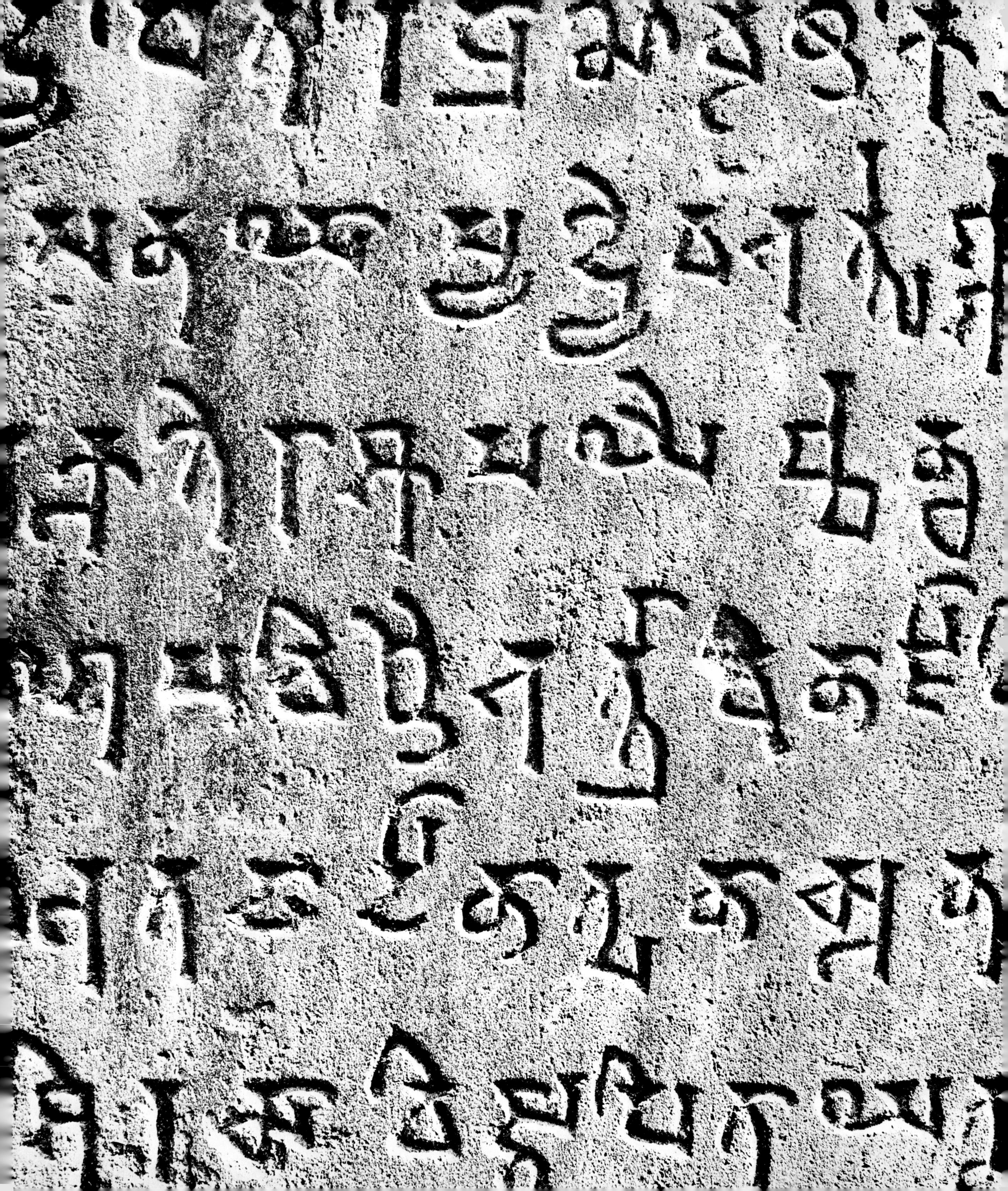

89 Vishnu Vishvarupa Diese universale Form Vishnus ist in dem berühmten *Mahabharata*-Epos beschrieben. In der Mitte steht der vielköpfige *Vishnu* auf den Schultern einer jungen Frau, die die Erde darstellt. Rechts und links neben ihr die beiden Schlangenkönige. Die vier Elefanten kennzeichnen die vier Himmelsrichtungen. Rechts von Vishnu seine Gattin *Lakshmi* und sein Reittier *Garuda.* Links außen sehen wir *Arjuna*, einen Helden aus dem Mahabharata-Epos. Er trägt Rüstung und Waffe. In der ersten Reihe über ihm zwei *Aswini Kumars*. Die vier Figuren darüber sind *Dikpalas Indra, Varuna, Kubera* und *Yama,* die Meister der vier Himmelsrichtungen. In den nächsten beiden Etagen die acht *Vasus* und elf *Rudras*. Ganz oben neben der Sonne sitzt *Shiva* in meditierender Haltung. In den Händen hält er Rosenkranz, Dreizack, Kalasha (Vase) und den Weltsamen. Auf der rechten Seite fünf grimmige Dämonen. Der unterste Teil der 70 cm hohen Skulptur zeigt *Ananta*, der die unteren Regionen und den Weltozean symbolisiert. Das Relief stammt aus der Licchavi-Zeit.

90 Vishnu Shridhara In der Mitte steht *Vishnu* mit den vier ihn kennzeichnenden Emblemen. Zu seiner Rechten die Gattin *Lakshmi*, die Göttin des Glücks und der Schönheit. Zu seiner Linken *Garuda* mit riesigen Schwingen. Die 75 cm hohe und 47 cm breite Steinskulptur ist in der Übergangszeit von der Licchavi- zur frühen Malla-Kunst entstanden.

91 Vishnu Vikrantamurti In diesem Relief wird die Geschichte des *Vamana*, die Zwerginkarnation *Vishnus*, dargestellt.
Vor langer Zeit eroberte *Bali*, der Herrscher der Dämonen und niederen Regionen, die Erde und den Himmel. Die aus ihren Reichen vertriebenen Götter baten *Vishnu* um Hilfe. Dieser verwandelte sich in einen Zwerg und ging zum königlichen Hof, gerade als sich Bali anschickte, das Pferdeopfer zu feiern. Der Zwerg erbat sich vom König drei Schritte Land. Nachdem Bali diesem Wunsch zugestimmt hatte, nahm Zwerg Vishnu die Gestalt eines kosmischen Riesen an. Mit dem ersten Schritt durchmaß der die Erde, mit dem zweiten nahm er den Himmel, aber für den dritten Schritt war kein Platz mehr da. Bali bot Vishnu seinen Kopf für diesen dritten Schritt und wurde so als Dämonenkönig wieder in die niederen Regionen gewiesen.
Die Skulptur zeigt über dem Fries *Bali* mit seiner Frau *Vindhyabali. Vishnu*, als Zwerg verwandelt, erhält Wasser als Zeichen der Garantie für das gewährte Land. Das Pferd rechts unten symbolisiert Balis Opfer. Der rechte Fuß Vishnus wird gestützt von *Basuki*, dem Schlangenkönig, und seinem Weib. Ein Dämon mit bösem Gesicht versucht, das Bein Vishnus fortzuziehen. Darüber *Lakshmi* und *Garuda*. Ganz oben zwei himmlische Wesen. (Das 63 cm hohe Relief ist in der Licchavi-Zeit entstanden.)

92 Garuda auf Changu Narayan Dieser *Garuda* befand sich ursprünglich auf der Säule mit der berühmten Inschrift des Königs Manadeva. Die Skulptur ist daher sicher auch um 464 geschaffen worden.

PANAUTI

Etwa 33 Kilometer außerhalb des Kathmandu-Tales liegt in südöstlicher Richtung die Ortschaft Panauti am Ufer der Punnyamati. Während vieler Jahrhunderte spielte Panauti als Handelsstation zwischen dem Kathmandu-Tal und dem östlichen Nepal eine wichtige Rolle.
Eine der besonderen Sehenswürdigkeiten dieser Ortschaft ist der Tempel *Indreshvara Mahadeva*, berühmt durch seine herrlichen Schnitzarbeiten. Es ist nicht genau festzustellen, wann der Tempel erbaut wurde; doch hat man eine Inschrift entdeckt, die von einer Renovierung des Heiligtums im Jahre 1401 spricht. Die hölzernen Dachstreben des Tempels zählen zu den besten und wahrscheinlich ältesten Schnitzarbeiten in Nepal. Man glaubt, daß sie bereits während der Renovierungsarbeiten im Jahre 1401 hergestellt wurden.
Eine interessante Legende ist uns im Zusammenhang mit diesem Tempel überliefert worden: Vor Tausenden von Jahren lebten hier ein frommer Weiser mit Namen *Gautama* und seine bildhübsche Frau *Ahalya*. Der Götterkönig *Indra* war von der Schönheit der Frau so angetan, daß er sie begehrte. Als der Weise eines Tages sein Haus verlassen hatte, nutzte Indra die Gelegenheit, verwandelte sich in Gautama und ging zu dessen Frau. Ahalya nahm ihn in ihre Arme. Gautama kam zurück und ertappte die beiden. Der Weise erkannte Indra, verfluchte und bestrafte ihn, indem er seinen Körper mit tausend weiblichen Organen bedeckte, damit jeder seinen lüsternen Lebenswandel erkennen sollte. Indra ertrug diese Schande nicht und betete am Ufer der Punnyamati zu Gott *Shiva*, ihn von seinem Fluch zu befreien. Nach einiger Zeit reinigte Shiva den Körper Indras, setzte ihm aber ein drittes Auge auf die Stirn, das an seine üblen Taten erinnern sollte. An dem Platz, wo Indra meditierte und seine Gebete zu Shiva sprach, steht heute der Indreshvara Mahadeva – gemeint ist damit der Tempel von Indra und Shiva.

95 Durga Tempel in Panauti Das halbverfallene Heiligtum, am linken Flußufer gelegen, ist der Göttin *Durga* geweiht. Dieser Tempel ist ein drastisches Beispiel für den Verfall vieler Heiligtümer in Nepal. In seinem Innern finden wir einige Fresken aus dem frühen 18. Jahrhundert.

96 und 97 Details einiger Dachstreben am Indreshvara Mahadeva
Als schreckliche Erscheinungsform *Shivas* sehen wir die Göttin *Kali* fast als Skelett dargestellt.
Das rechte Bild auf Seite 97 zeigt zwei *Apsaras*, himmlische Mädchen, die mit ihrem lieblichen Lächeln die Gläubigen erfreuen. Die beiden Affen symbolisieren den menschlichen Geist; ihr rastloses Gemüt entspricht dem ruhelosen Wesen des Menschen.

BHAKTAPUR

Bhaktapur oder Bhadgaon, die Stadt der Gläubigen oder die Reis-Stadt, liegt 14 Kilometer östlich von Kathmandu.
Die Chroniken bezeichnen König *Ananda Deva*, Ende des 9. Jahrhunderts, als den Gründer der Stadt. Er legte Bhaktapur in Form einer Muschel an. Die Muschel ist ein Emblem des Gottes *Vishnu*. Die letzte Volkszählung ergab, daß der Distrikt Bhaktapur heute auf 110000 Einwohner angewachsen ist, von denen die meisten Newar hinduistischen Glaubens sind. Viele Einwohner der Stadt finden ihren Lebensunterhalt in der Landwirtschaft, im Handel und in der Herstellung von Töpferwaren. Die Lehmarten der nahen Umgebung eignen sich besonders gut für Keramik.
Bhaktapur wurde seit seiner Gründung von den Nachfolgern des Königs *Ananda Deva* regiert, stand aber gleichzeitig auch im Einflußbereich von Patan. Ende des 14. Jahrhunderts heiratete die Tochter des Stadtregenten von Bhaktapur, *Raj Jala Devi,* den Malla-Fürsten Jaya Stithi. Nach dem Tod seines Schwiegervaters machte *Jaya Stithi Malla* die Stadt zum Zentrum der Verwaltung über das Kathmandu-Tal. Nach der Teilung des Tales blieb Bhaktapur ein unabhängiges Königreich, bis es im November 1769 von *Prithvi Narayan Shah* aus Gurkha eingenommen und seinem neu geschaffenen Königreich einverleibt wurde. Seit Ende des 15. Jahrhunderts entstanden unter *Yaksha Malla* und seinen Nachfolgern große und bedeutende Bauwerke wie der Dattatraya Tempel, das Haus Pujahari Math, der Yakshesvar Tempel und die königliche Residenz.
Architektur und Kunst erreichten in Bhaktapur ihren Höhepunkt im 17./18. Jahrhundert. König *Bhupatindra,* einer der bedeutendsten Malla-Könige (1696–1722), ließ den fünfstöckigen Nyatapola Tempel errichten und erhöhte den Bhairava Tempel um zwei Stockwerke. Die königliche Residenz ließ er auf 99 Höfe zur größten und schönsten Palastanlage im Kathmandu-Tal erweitern. Auch der Palast der 55 Fenster ist seinem künstlerischen Unternehmungsgeist zu verdanken. Hunderte von Kunstwerken Bhaktapurs stammen aus dieser Zeit; man sagt sogar, daß Bhupatindra Malla selbst ein großer Künstler gewesen sei. Während der Herrschaft des letzten Malla-Königs, *Ranjit Malla* (1722–1769), wurde das berühmte Goldene Tor geschaffen. Das schwere Erdbeben im Jahre 1934 hat auch in Bhaktapur große Schäden hinterlassen. Arg betroffen wurde die Palastanlage mit ihren vielen Höfen und Tempeln, von denen nur wenige unzerstört geblieben sind. Besonders erwähnenswert ist der Mul Chowk, der Schutzgöttin *Taleju Bhavani* geweiht, der vielleicht großartigste Innenhof in Nepal. Die reiche Ornamentik der Fassaden, die prachtvollen Skulpturen, eine herrliche Tür mit großem vergoldetem Tympanon lassen sich nur vom bewachten Eingang zum Hof her erblicken, denn Nicht-Hindus ist der Zutritt verwehrt.

100 Nyatapola Tempel Die fünfstöckige Nyatapola-Pagode wurde unter *Bhupatindra Malla* im Jahre 1703 fertiggestellt. Sie ruht auf fünf Plattformen und ist die höchste Pagode im Kathmandu-Tal. Das schwere Erdbeben im Jahre 1934 hat sie unversehrt überstanden. Der Treppenaufgang wird flankiert von zwei Ringkämpfern, zwei Löwen, zwei Elefanten, zwei mythischen Greifen und zwei Göttinnen. Die beiden Ringer der untersten Terrasse gelten als zehnmal stärker als der Mensch, die darüber stehenden Figuren sind immer zehnmal stärker als die darunter stehenden. Die Kraft der Göttinnen ist also hunderttausendmal größer als die eines Menschen.
Der Nyatapola-Tempel ist eine der schönsten Pagoden. Sehr wahrscheinlich wurde überhaupt der Pagodenbaustil in Nepal entwickelt und dann von anderen asiatischen Ländern übernommen.

101 Standbild des Königs Bhupatindra Malla Dieser König war vielleicht die herausragendste Persönlichkeit unter den Herrschern von Bhaktapur. Viele großartige Bauten und Kunstwerke sind während seiner Regierungszeit (1696–1722) geschaffen worden. Er selbst galt als aufgeschlossener und vielseitiger Künstler.

102 und *103 Details am Yakshesvara Tempel in Bhaktapur* Die Bilder zeigen Teile einiger hölzerner Dachstreben am Yakshesvara Tempel. Die geschnitzten Streben stammen aus dem 17., das Heiligtum selbst aus dem 15. Jahrhundert. Nach Aufnahme tantrischer Lehren in den Buddhismus wurden in der religiösen Kunst viele erotische Darstellungen geschaffen. Der Tantrismus ist keine Religion, sondern eher eine Geheimlehre, die durch viele Riten und Symbole, unter anderem auch durch die Vereinigung der gegensätzlichen Geschlechter, die große Glückseligkeit erstrebt.
Für diese erotischen Darstellungen gibt es unter den Nepali eine einfache Erklärung: die Göttin des Blitzes ist ein jungfräuliches Mädchen. Es erschrickt beim Anblick dieser Holzschnitzereien und zieht sich in keuschem Entsetzen unvermittelt zurück. Deshalb bleibt das Heiligtum vom Blitz verschont.

104 Goldenes Tor in Bhaktapur Der letzte Malla-Herrscher von Bhaktapur, Ranjit Malla, ließ im Jahre 1753 eines der großartigsten Kunstwerke Nepals schaffen, das Goldene Tor.
Das Bild zeigt einen Ausschnitt des Tympanons mit der seltenen Skulptur der Göttin *Vaishnavi*. Die vierköpfige und zehnarmige Göttin hält die Embleme *Vishnus* und die Haare eines Dämons, der sich hilflos unter ihrem linken Fuß befindet. Der rechte Fuß ruht auf *Garuda*.

105 Eingang zum Bhairava Chowk Diese Türe am Eingang zur königlichen Residenz von Bhaktapur ist mit den Glückssymbolen Kalasha, Fisch, Muschel, Sonne und Mond geschmückt. Ganz oben auf jeder Seite ein kleiner Türwächter. Auf beiden Seiten der Tür je eine unbekannte, männliche Figur, die Lichter für die Götter in den Händen halten; Gesichtsausdruck und Kleidung lassen vermutlich auf Bhupatindra Malla und Ranjit Malla schließen.

Bhakta

श्री कृष्णा औषधालय
द्वारा निर्मित
हरेक औषधि हरु यहाँ पाइन्छ
विक्रेता -

106 und *107* *Fenster des ehemaligen Klosters Pujahari Math* Pujahari Math in Bhaktapur wurde berühmt durch seine großartigen Holzschnitzarbeiten, die seinen Innenhof und die äußeren Fassaden schmücken. In den Jahren 1971/72 wurde das Haus mit deutscher Hilfe renoviert.
Die drei Fenster auf Seite 106 werden durch zwei reich verzierte Säulengruppen voneinander getrennt. Diese tragen Kalasha, den Wassertopf, Kamala, die Lotosblume, und Chamara, den Yakschwanz. Das mittlere Fenster wird von verflochtenen Schlangenkörpern umrahmt, deren sieben Köpfe direkt unter dem Fensterhüter erscheinen. Unter jedem Fenster befindet sich eine Gottheit, die von einem fliegenden *Garuda* getragen wird.
Mythische Löwen, Drachen und Schlangen sind unter den Fenstern angebracht. Darunter dann zwanzig fliegende Pferde und unterschiedliche Glückssymbole.
Das Fenster auf Seite 107 zeigt in seinem inneren Rund eine mit Strahlen versehene Lotosblume. Über ihr die das Fenster beschützende Gottheit, unter ihr die das Fenster tragende Gottheit. Die beiden mit Lotos, Kalasha und Yakschwanz verzierten Säulen werden von zwei starken mythischen Löwen getragen.

108 *Apotheke in Bhaktapur* Der Besitzer dieses Ladens hat den oberen Querbalken rot bemalt und mit einigen Zeichen versehen. Damit heißt er *Lakshmi*, die Göttin des Glücks, willkommen. Am Balken hängen Tüten mit verschiedenen Kräutern, die als Arzneimittel verwendet werden. Auf dem roten Schild steht »Krishna Apotheke« und der Hinweis, daß alle Arten von Medizin hier erhältlich sind.

109 *Wasserspeier im königlichen Brunnen von Bhaktapur* Der reich geschmückte Wasserspeier wurde unter König Jitamitra Malla 1688 geschaffen. Das Wasser, das aus einer nordöstlich der Stadt gelegenen Quelle fließt, dient der täglichen Reinigung der Göttin *Taleju*. Deshalb muß noch heute, wenn der Brunnen während der Trockenzeit versiegt, ein Priester das Wasser direkt von der etwa 10 km entfernten Quelle herholen.

110 *Holzskulpturen am Chatur Varna Mahavihar* Das Kloster stammt aus dem 17. Jahrhundert. Auf seinen schön geschnitzten Dachstreben zeigt es die verschiedenen Strafen, die Ehebrecher, Diebe, Lügner, Betrüger u.a. erfahren. Das linke Bild stellt die Qual eines Mannes dar, den zwei Tiere peinigen. Die Zeilen darunter sagen, daß ein Mann, der zu Freunden die Unwahrheit spricht, die Freundschaft bricht und deshalb so, wie hier dargestellt, bestraft wird. Die Erklärung des rechten Bildes sagt, daß Diebe, die wie diese beiden Nahrung gestohlen haben, mit einem großen Bauch und einem winzigen Mund bestraft werden. Sie sind immer hungrig und müssen den Hungertod sterben. *Lokeshvara*, der große Bodhisattva des Mitleids, steht zwischen ihnen, um sie aus ihrer mißlichen Lage zu befreien.

PATAN

Patan, die zweitgrößte Stadt des Landes, liegt unmittelbar südlich von Kathmandu und ist von der Hauptstadt nur durch den Fluß Bagmati getrennt. Die Stadt ist auch unter dem Namen *Lalitpur* bekannt, was soviel heißt wie Stadt der schönen Künste. Die *Vamsavalis* (Chroniken) sprechen davon, daß König *Viradeva* im Jahre 229 die Stadt gegründet hat. Dieselbe Quelle bezeichnet auch den indischen Kaiser *Ashoka* (273–232 BC) als den Erbauer der fünf Stupas von Patan. Die Angaben sind aber nicht verläßlich, da man aus dieser Zeit keine historischen Dokumente besitzt. Bei der letzten Einwohnerzählung wurden im Patan-Distrikt 155000 Bewohner ermittelt, von denen die meisten buddhistischen Glaubens sind. Bis Ende des 14. Jahrhunderts standen Bhaktapur und Kathmandu unter der Kontrolle dieser Stadt, in der sich der Sitz der Verwaltung über das ganze Tal befand. Im Jahre 1620 trat *Siddhi Narasimha*, ein Fürst der Malla-Dynastie aus Kathmandu, seine Herrschaft über Patan an. Er erklärte die Stadt zu einem unabhängigen Königreich, was sie dann bis Oktober 1768 blieb. Es scheint, daß die Malla-Herrscher in dieser Zeit beinahe in jedem Jahr einen neuen Tempel erbauten, um mit ihren religiösen Kunstwerken mit denen von Kathmandu wetteifern zu können.

Patan hat eine Fülle von Tempeln und Klöstern, Skulpturen und Plastiken. Die Stadt ist außerdem seit langer Zeit berühmt für alle Arten des Kunsthandwerks. Eine besondere Spezialität bilden Metall- und Elfenbeinarbeiten. Noch heute werden mehr als 90 Prozent aller Metallarbeiten Nepals in Patan hergestellt. Die besten Künstler des Kathmandu-Tales leben hier, und seit Menschengedenken ist es üblich, die handwerkliche und künstlerische Tradition vom Vater auf die Kinder zu vererben. Einmal konnte ich beobachten, wie ein achtzigjähriger Mann mit seinem Urenkel an einem Fenster arbeitete; er

ON THE
OUR

lehrte den Jungen, wie man mit dem Schnitzmesser eine Lotosblume aus dem Holz herausarbeitet.
Eine Geschichte erzählt vom König *Yoga Narendra Malla*, der einmal einen Künstler damit beauftragte, eine Figur *Bhimsenas* zu schaffen, in der auch die Heldentaten der Gottheit zum Ausdruck kommen sollten. Nach wenigen Tagen erhielt der König eine Figur, die er zurückwies, denn sie war ihm nicht gut genug. Das geschah ein zweites und drittes Mal. Der König wurde so zornig, daß er drohte, den Künstler umzubringen. Dieser machte sich ein viertes Mal an die Arbeit und schuf ein herrliches Werk, von dem der König und sein Hofstaat begeistert waren. Die Begebenheit beweist uns das große Kunstverständnis der Malla-Herrscher in Patan.

113 Der Sonnengott Surya Am Saugaltole, einem Platz in Patan, befindet sich vor einem kleinen Tempel diese 80 cm hohe Skulptur des Sonnengottes *Surya*. Die Inschrift auf dem Sockel unter seinen Füßen ist datiert mit dem Jahr 203 der nepalischen Zeitrechnung; d.h. 1083. Die Sonnenverehrung in Nepal ist sehr alt, und verschiedene Dokumente beweisen, daß man der Sonne schon im 5. Jahrhundert huldigte.
Die auffallend symmetrisch gearbeitete Skulptur zeigt Surya mit zwei langstieligen Lotosblumen. Zu seinen Seiten *Pingala* und *Danda*, seine mit einem Schwert bewaffneten Begleitpersonen. Pingala hält in der linken Hand ein Tintenfaß mit Schreibfeder, Danda einen Yakschwanz, der als Fliegenwedel dient.

114 und *115 Steinskulpturen im königlichen Bad von Patan* Der Sundari Chowk im königlichen Palast mit dem Tusahity-Bad, seinen schönen Fenstern und den reich geschmückten Dachstreben ist einer der schönsten Höfe Nepals. Seite 114 zeigt in der linken Hälfte *Mahalakshmi*, die Göttin des Glücks, auf einem Löwen stehend. Die vier Feuer darunter stellen ein Krematorium dar. Ganz unten vier Shivalingams und vier Chaityas. In der rechten Bildhälfte befinden sich *Maheshyari, Vaishnavi* und *Bramayani*, die Frauen von *Brahma, Vishnu* und *Shiva*. Über ihnen die Mondgöttin auf einer Mondsichel. Die Dekoration der Skulpturen mit Blumen und Blättern ist typisch für die späte Malla-Kunst.
Das Bild auf Seite 115 zeigt in der Mitte der Skulptur die Muttergottheit *Vatsala*. Sie ist umgeben von weiteren zehn Muttergottheiten. Im unteren Bildteil befinden sich zwischen den Göttinnen zwei Kobramädchen, die Begleitpersonen der Vatsala.

116 Buddhistische Priester im Ritualgewand Die Priester sind Vajrayani-Buddhisten und werden Vajracharyas genannt. Sie tragen Kopfbedeckungen, die aus den zwei wichtigen Teilen Jata und Tathagatachina bestehen. Das Jata ist aus Samt hergestellt und mit dem Vajra, dem Diamantzepter, geschmückt. Das Tathagatachina ist aus fünf kunstvoll verzierten Stücken zusammengesetzt, auf welchen fünf große Buchstaben dargestellt sind, die die fünf Dyanibuddhas symbolisieren.

117 Tempelwagen des Roten Macchendranath Vor Beginn der Monsunzeit wird in Patan das Fest des *Macchendranath* gefeiert. Die Hauptattraktion ist der Tempelwagen mit einem fast 15 m hohen Aufbau. Die mehr als 2 m hohen und massiven Holzräder sind mit Augen bemalt und laufen auf starken Messingachsen. Die darüber befindliche Plattform mit dem Schrein der Gottheit und dem Turm wird durch ein kompliziertes System von Hanfseilen, Binsen und Bambusrohren zusammengehalten.

118 Mahabuddha Tempel in Patan Der ganze Tempel ist aus Terrakottaziegeln gebaut. Auf jedem einzelnen Ziegel ist ein *Amitabha Buddha* abgebildet.
Im frühen 16. Jahrhundert besuchte der Künstler und Gelehrte *Abhaya Raj Shakya* den buddhistischen Wallfahrtsort Bodhagaya in Indien. Er war vom dortigen Tempel so angetan, daß er den Entschluß faßte, einen ähnlichen in seiner Heimat zu erbauen. Nachdem er das Fundament gelegt hatte, starb er. Sein Sohn Budhaju Shakya führte den Bau fort; als auch er vor der Fertigstellung des Werkes starb, wurde es von den Enkeln des Gründers vollendet. Während des Erdbebens im Jahre 1934 ist der gesamte obere Teil des Tempels heruntergebrochen und später von Jogaman und Kuberman Shakya wieder aufgebaut worden. Die Technik der Ziegelherstellung ist von den Shakyas aufbewahrt, die in der Umgebung des Tempels leben. Es heißt, daß man fünf verschiedene Sorten von Lehm mischt, abwiegt und in einem dunklen Raum aufbewahrt. In gewissen Zeitabständen wird so lange nachgewogen, bis das Lehmgemisch die Hälfte seines ursprünglichen Gewichtes angenommen hat. Dann werden die Ziegel in einem Spezialofen gebrannt.

121 Vishnu auf Garuda Diese Plastik befindet sich in der Tempelanlage des *Kumbeshvar Mandir* in Patan. Die in Stein gearbeitete Skulptur stammt aus dem 15./16. Jahrhundert und zeigt *Vishnu* mit dem fliegenden *Garuda* auf einer Sonnenscheibe. Schon in sehr alter Zeit wurde das Abbild Vishnus auf einer Scheibe dargestellt, die die Sonne symbolisiert. Auf zwei Lotosblüten stehend *Sarasvati*, die Göttin des Lernens und des Wissens, und *Lakshmi*, die Göttin der Schönheit und des Glücks.

122 und *123 Jamuna im Mul Chowk zu Patan* Im Hof *(Mul Chowk)* der königlichen Residenz stehen die beiden lebensgroßen, vergoldeten Bronzestatuen von *Ganga* und *Jamuna*. Sie stammen aus dem Anfang des 18. Jahrhunderts und versinnbildlichen die beiden heiligen Ströme Ganges und Jamuna. Die Bronzestatue zeigt *Jamuna* in tänzerischer Haltung auf einer Schildkröte stehend, dem Symbol für das Wasser.

124 Narasimha Diese Skulptur mit tantarischen Einflüssen stammt aus dem frühen 17. Jahrhundert, befindet sich auf einer Dachstrebe eines Tempels in Patan und zeigt *Narasimha*, eine Inkarnation des Gottes *Vishnu*. Er wird in Menschengestalt mit einem Löwenkopf dargestellt.

NEPALISCHE KUNST

Die nepalische Kunst ist bis auf wenige Ausnahmen eine sakrale Kunst, die ihren Ursprung in den beiden großen Religionen Hinduismus und Buddhismus hat. Wenn man Wesen, Eigenarten und Entwicklung dieser Religionen kennt, kann man die nepalische Kunst verstehen.

Mit der Ausdehnung der beiden Religionen vom indischen Subkontinent aus erfolgte gleichzeitig eine starke Einflußnahme der indischen Kunst auf die der anderen Völker. Trotzdem hat sich im Lauf der Jahrhunderte in Nepal eine Kunstentwicklung abgezeichnet, die man als typisch eigenständig bezeichnen kann. Die Ursachen für die spezifisch nepalische Kunst, vor allem im Kathmandu-Tal, liegen einmal in der Abgeschiedenheit dieses Landes, in der außergewöhnlichen Begabung seiner Künstler und nicht zuletzt in den Themen und Gestalten der unzähligen Sagen und Legenden über die Berge des Himalaya, den Wohnplätzen der Götter.

Nepal hat seine eigene Kunstgeschichte, die seit ihrer Frühzeit von den Newar, den Ureinwohnern des Tales, geprägt wurde. Sie trugen ihr künstlerisches und handwerkliches Können auch über die Grenzen hinaus nach Tibet und China. Der bekannte Künstler und Architekt *Arniko* (1245–1306) aus Patan arbeitete in Lhasa und Peking im Auftrag des Kaisers von China, *Khubilai Khan*. In Lhasa lebten in dieser Zeit nepalische Architekten, Maler, Holzschnitzer, Bronzegießer und Bildhauer; die tibetische oder lamaistische Kunst wurde so durch nepalische Künstler und Vorbilder sehr stark mitgeprägt.

Das Kathmandu-Tal wird oft als ein riesiges Freilichtmuseum für nepalische Kunstschätze bezeichnet. Dies ist richtig, denn es gibt kaum ein Haus, einen Tempel, einen Brunnen, eine Straße oder irgendeinen Platz in diesem Tal, wo man nicht mit nepalischer Kultur oder Kunst in Berührung kommt. Viele Tausende von Kunstgegenständen sind über das ganze Tal verstreut; viele ruhen noch unter der Erde.

Die Kunstgeschichte Nepals bis zu Beginn der Gurkha-Zeit kann man in fünf Perioden einteilen:

die Prä-Licchavi-Kunst	bis 200
die Licchavi-Kunst	200 bis 800
die Kunst der Übergangszeit	800 bis 1200
die frühe Kunst der Malla	1200 bis 1400
die späte Kunst der Malla	1400 bis 1768

Von der *Prä-Licchavi*-Kunst aus der Frühgeschichte Nepals kennen wir nur wenige Kunstschöpfungen. Einige Terrakottafiguren, die gefunden wurden, weisen bereits hohe künstlerische Qualitäten auf. Leider hat man bis heute noch keine intensiven Forschungen über die Prä-Licchavi-Kunst angestellt. Sicher ist, daß sie erst dann richtig entdeckt werden wird, wenn in Zukunft entsprechende Ausgrabungen im Kathmandu-Tal vorgenommen werden.

Aus der Periode der *Licchavi*-Kunst sind Hunderte von Steinskulpturen erhalten geblieben. Sie zeigen das große Kunstverständnis und das hohe handwerkliche Können der Menschen dieser Epoche. Die verschiedenen Skulpturen demonstrieren die Verschmelzung der beiden Religionen Hinduismus und Buddhismus in Nepal. Die meisten der Figuren zeigen Gott *Vishnu* und seine verschiedenen Inkarnationen; *Shiva* in verschiedenen Aspekten wie Uma/Maheshvar (Shiva in Umarmung mit seiner Gemahlin *Parvati*); *Lokeshvara*, den allgültigen Bodhisattva und das Abbild *Buddhas* in unterschiedlichen Darstellungen.
Besondere Merkmale der Skulpturen sind vorklassisch-schön geformte Körper und Gliedmaßen, kunstvoll ausgearbeitete Kopfbedeckungen, plastische und in Bewegung dargestellte Körper ohne überproportionierte Hüften und Brüste. Charakteristisch sind auch die Sparsamkeit der Ornamentik und die Politur des Steins.
Durch die Erzählung von Reisenden aus China erfahren wir etwas über die Kunst der Metallverarbeitung der Licchavi. Sie berichten unter anderem, daß König *Narendra Deva* die kleine Skulptur eines goldenen Buddhas an seinem Gürtel trug. Einige Bronze-, Kupfer- und Goldarbeiten geben Zeugnis von den Fähigkeiten ihrer Hersteller. Inschriften aus jener Zeit sprechen über das Prägen von Kupfer- und Silbermünzen in Nepal, von denen jedoch nur noch Kupferstücke im nepalischen Nationalmuseum zu sehen sind. Bei den wenigen Ausgrabungen, die bis heute im Kathmandu-Tal ausgeführt wurden, sind viele Terrakotten aus der Licchavi-Periode gefunden worden. – Wie wir alten Schriften entnehmen können, war auch die Malerei ein wichtiger Zweig im Kunstschaffen dieser Zeit. Doch leider sind außer einigen bemalten, hölzernen Bucheinschlägen keine weiteren Stücke erhalten geblieben.

Fein gemalte Manuskriptillustrationen und Bilder auf Bucheinbanddecken, die verschiedene Erscheinungsformen der Götter beider Religionen darstellen, kennen wir aus der Periode der Kunst der *Übergangszeit*. Die Malereien zeigen die Gestalten mit Ausnahme der jeweiligen Zentralfigur meistens im Profil. Die Kopfbedeckungen, Kronen und der übrige Schmuck sind differenzierter und besser ausgearbeitet als in der Licchavi-Periode.
Die Skulpturen der Übergangszeit zwischen Licchavi und frühen Malla unterscheiden sich deutlich von den älteren, wenn man etwa die Reliefs von *Shiva* und *Parvati* in Pashupatinath mit dem Relief am Kumbeshvar-Tempel in Patan oder die Figur des Sonnengottes *Surya* vom Saugal Tole mit der von Thapahiti miteinander vergleicht. Die Skulpturen der Licchavi-Periode sind einfach, kraftvoll und streng; die Plastiken der Übergangszeit sind überladener und aufwendiger, die Gestalten bewegungsbetonter, die Körper feiner und zierlicher

(Seite 36). Die wenigen bekannten Bronzeplastiken weisen viel Ähnlichkeit mit den Steinfiguren auf. Aus dieser Zeit kennen wir keine Kunstgegenstände aus Holz oder Terrakotta.

Die bisher entdeckten Kunstwerke der *frühen Malla*-Periode sind hauptsächlich Arbeiten in Stein und Metall. Die Figuren wirken jetzt eleganter, ihr schmückendes Beiwerk läßt schon tantrische Einflüsse erkennen. Die Verherrlichung von Sonne und Mond wird in verschiedenen Skulpturen zum Ausdruck gebracht wie z.B. *Vishnu* und *Garuda*, dargestellt auf einer symbolisierten Sonnenscheibe (Seite 121). Gold- und Bronzestatuen werden mit kostbaren Halbedelsteinen geschmückt.

In der Zeit der *späten Malla* erreicht die nepalische Kunst – in ihrer Gesamtheit betrachtet – ihren Höhepunkt. Besonders die Verarbeitung von Bronze nahm einen enormen Aufschwung. Der Grund lag besonders im regen Handel mit nepalischen Kunsterzeugnissen im Nachbarland Tibet. Dorthin mußten die Kunstwerke durch unwegsames Gelände und über hohe Pässe getragen werden, was viele Wochen erforderte. Innen hohle Figuren aus Bronze und anderen Metallen ließen sich zudem wesentlich leichter transportieren als gewichtige massive Steinskulpturen. Die Bildhauerei erlebte deshalb einen starken Rückgang und wies auch nicht mehr die Qualitäten auf, die die Skulpturen der Licchavi-Periode auszeichnen. Trotzdem kennen wir Ausnahmen wie die beiden Figuren von *Narasimha* und *Hanuman* vor dem königlichen Palast in Bhaktapur, der große *Garuda* am Hanuman Dhoka und das steinerne Fenster am *Shiva-Parvati*-Tempel – beide in Kathmandu – oder das königliche Bad im Sundari Chowk in Patan (Seiten 46, 55, 114 und 115). Diese Kunstwerke in Stein entstanden alle im 17. und 18. Jahrhundert.
Einige besonders schöne Beispiele für die Verarbeitung von Metallen, hauptsächlich für die Kunst der Bronzegießerei in der späten Malla-Periode, sind der Bronze*buddha* (Seite 23) im ehemaligen Kloster Hiranya Varna Mahavihar und der vergoldete *Garuda* vor dem Krishna-Tempel in Patan; in Bhaktapur die Statue des Königs *Bhupatindra Malla* und das Goldene Tor (Seiten 101 und 103).
Aus den frühen Jahrhunderten nepalischer Geschichte sind keine Holzschnitzarbeiten erhalten geblieben. Trotzdem ist anzunehmen, daß auch dieser Kunstzweig sich in der Zeit der späten Malla zu seinem klassischen Höhepunkt entwickelte. Beispiele bilden die vielen Fenster an Häusern, Palästen und Tempeln, die vielen Tympana an Eingängen zu Klöstern, Tempeln und anderen Gebäuden im Kathmandu-Tal. Ferner die unzähligen, mit Schnitzereien versehenen Dachstreben der Pagoden und anderer Bauwerke, und die herrlichen Holzfiguren, die in den Museen von Kathmandu, Patan und Bhaktapur aufbewahrt werden (Seiten 34, 42, 43, 61, 96, 97, 102, 103, 105, 106, 107, 110 und 124).
Als Hölzer für die Schnitzarbeiten wurden Michaelia Excelsea und Shorea robusta (Salbaum) verwendet, die in weiten Teilen Nepals vorkommen.

Aus dieser Zeit stammen auch die schönsten und besten Werke der nepalischen Malerei, die vielen Thangkas oder Paubhas, Bilder auf speziell dafür präparierten Stoffunterlagen (das Bild auf Seite 25 zeigt ein Detail eines Thangka aus dem frühen 16. Jahrhundert). Im Haus der Kumari, am Bagh Bhairava Tempel in Kirtipur, im königlichen Palast von Bhaktapur und im Durga Tempel von Panauti finden wir Fresken aus der späten Malla-Periode, im nepalischen Nationalmuseum viele Miniaturbilder in Manuskripten, auf hölzernen Buchdeckeln und Schmuckkassetten.
Zum ersten Mal in der Geschichte Nepals entstehen in dieser Periode kunstvolle Elfenbeinarbeiten von hoher Qualität. Die wenigen Kunstwerke aus diesem Material, die bisher entdeckt wurden, sind ein kleiner Handspiegel, auf dessen Griff *Vishnu* mit seiner Gemahlin *Lakshmi* und dem menschenähnlichen Vogel *Garuda* abgebildet sind, die Figur von *Bringi*, einem Verehrer *Shivas*, der eine Trommel schlägt, mehrere Buchdeckel und ein Fenster aus Elfenbein im alten königlichen Palast von Kathmandu.
Beispiele für die Kunst in Terrakotta aus dieser Zeit bilden der Mahabuddha Tempel von Patan (Seite 118), die Figur des *Ananta Narayan* in Pashupatinath und einige Tierfiguren im Innenhof der Kumari.
Wichtige gemeinsame Merkmale der Plastik und Malerei der späten Malla-Zeit sind durch tantrische Einflüsse entstandene komplizierte, symbolische Figuren und Darstellungen, die echte religiöse Toleranz atmen, vermehrte, hochkünstlerische Ornamentik vor allem bei Blumendekorationen und erstmals die häufigere Abbildung von mongolischen Gesichtern.
Die höchsten Leistungen der späten Kunst der Malla liegen im Bereich der Architektur. Der größte Teil der Pagoden, Schreine, Tempel und Palastanlagen, die wir heute im Kathmandu-Tal sehen, sind in der späten Malla-Periode entstanden oder renoviert, vergrößert und verbessert worden. Ihnen liegt eine einzigartige Ziegel-Holzbauweise zugrunde, die zwar heute noch im gesamten Tal vorherrschend ist, aber leider mehr und mehr von häßlichen und geschmacklosen Betonbauten verdrängt wird.

Abschließend noch einige Bemerkungen über die wichtigsten Arten nepalischer Kunst: Bildhauerkunst, Bronzegießerei, Terrakottaplastik und -architektur, Malerei und Tempelbau.
Bildhauerkunst. In der Geschichte Nepals kann man die Bildhauerei bis in die Mitte des dritten Jahrhunderts vor Christus zurückverfolgen. Die *Ashoka*säule von Lumbini ist das älteste Zeugnis dieser Kunst. Den Höhepunkt erreichte die Bildhauerei in der Licchavi-Periode. Das Relief des *Vishnu Vikrantamurti* in Pashupatinath (Seite 80) ist die älteste, datierte Skulptur in Stein, die man in Nepal gefunden hat. Die bemerkenswerten Skulpturen des *Vishnu Narayan* auf dem Schlangenbett in Budhanilakantha (Seite 56) und der stehende *Buddha* auf Svayambhunath (Seite 68) sind Arbeiten aus der Zeit zwischen 8. und 10. Jahrhundert. Als Hauptmaterialien dienten den Bildhauern Sandstein, Granit und Kalkstein. Um die verwitterungsempfindlichen

Sandsteinskulpturen zu schützen, entwickelte man im Lauf der Zeit eine spezielle Technik: die Skulpturen wurden mit einem dünnen Film aus flüssigem Metall überzogen und nach dem Erkalten poliert.
Bronzegießerei. Im alten Nepal wurden bereits von den Licchavi Kupfermünzen mit schönen Verzierungen hergestellt. Wasserspeier aus Bronze mit vergoldeten Krokodilköpfen waren in den königlichen Palästen eine Attraktion von besonderer Art (Seite 109). Die Pala-Schule in Indien beeinflußte auch die Kunst in Nepal, wo sie sich aber zu einer eigenständigen Form entwickelte. Die vielen Bronzefiguren, die aufgrund dieser Wirkung entstanden, erreichten im 15. Jahrhundert hohes Niveau. Die Figuren zeigen hauptsächlich Gottheiten aus dem buddhistischen Pantheon und nur in wenigen Fällen hinduistische Gottheiten. Die buddhistischen Götter tantrischen Ursprungs, die am häufigsten in Bronze gegossen wurden, sind *Hevajra, Samvara* und die verschiedenen *Shakti* (die weiblichen Entsprechungen der Götter). Alle diese Figuren wurden für den rituellen Gottesdienst hergestellt – und für den Verkauf auf den Märkten in Tibet.
Bronzefiguren im Voll- oder Hohlguß wurden und werden auch heute noch in der Cire-perdue-Technik produziert. Der Hohlguß wird meistens bei der Herstellung von großen Kunstwerken angewandt, um Metall zu sparen und um das Gewicht der Statue in Grenzen zu halten. Für den Guß wird zunächst ein Tonkern erarbeitet, der mit einer gleichmäßig dicken Wachsschicht überzogen und dann modelliert wird. Die fertige Wachsplastik erhält einen feinen und einen groben Tonmantel, der mit mehreren Guß- und Luftlöchern ausgestattet ist. Beim Brennen in einem Spezialofen fließt das Wachs aus, der Ton erhält die notwendige Festigkeit, um das flüssige Metall aufnehmen zu können. Besonderes Augenmerk wird dabei darauf gerichtet, daß sich Kern und Mantel nicht verschieben. Einfacherer und weniger komplizierter Vorbereitungen bedarf der Vollguß, der vorzugsweise für kleine Figuren angewendet wird. Die Herstellungsweise ist ähnlich, nur daß man hier statt eines Tonkerns mit einer kompakten Wachsplastik arbeitet. Die Formen lassen sich bei beiden Verfahren nur einmal verwenden. Die fertigen Bronzefiguren wurden häufig vergoldet und manchmal mit kostbaren Halbedelsteinen wie Korallen, Granaten und Türkisen besetzt.
Eine andere hochentwickelte Methode für die Herstellung von Kunstwerken aus Metall war die Verarbeitung von mit dem Hammer getriebenem Kupferblech. Schöne Beispiele bilden das Goldene Tor in Bhaktapur (Seite 104) und die Figur der *Jamuna* im Mul Chowk zu Patan (Seiten 122 und 123).
Terrakottaplastik und -architektur. Lehm und Löß sind seit Jahrtausenden billige und gute Materialien für die Herstellung der unterschiedlichsten Plastiken. In Nepal hat man bei Ausgrabungen im Terai, in den Ortschaften Tiraulakot, Banjarahi und Kudan, Figuren aus Terrakotta entdeckt, die aus dem 3. bis 1. Jahrhundert vor Christus stammen.
Außer verschiedenen Skulpturen, die in den drei Museen der ehemaligen Königsstädte aufbewahrt werden, sind die überlebensgroße

Figur des *Ananta Narayan* (Vishnu) in Pashupatinath und der Mahabuddha Tempel in Patan (Seite 118) die schönsten Kunstwerke aus Terrakotta.

Malerei. Die ältesten erhalten gebliebenen nepalischen Malereien stammen aus dem 10. und 11. Jahrhundert. Es sind bemalte Manuskriptdeckel und verschiedene Buchillustrationen, die von hoher Malkunst zeugen. Es handelt sich meistens um Miniaturbilder, die verschiedene Erscheinungsformen *Shivas*, die Inkarnationen *Vishnus* und viele Gottheiten aus dem Pantheon des Buddhismus darstellen. Die Farben haben sich durch Jahrhunderte hindurch gut erhalten und ihre Leuchtkraft bewahrt. Die Nepali verwendeten bevorzugt die Farben Gelb, Weiß, Indigo, das Schwarz der Öllampe, Grün und Zinnober. Diese Farben wurden aus Pflanzen, Erde und Mineralien hergestellt und von den Malern bis hinein ins 19. Jahrhundert benutzt. Gold wurde für Kronen und besondere Ornamentik bevorzugt. Nach dem 13. Jahrhundert wurden in Nepal viele Thangkas oder Paubhas gemalt. Sie befinden sich in Tempeln, Schreinen und an Hausaltären, wo sie aber nicht als Dekorationswerk verwendet werden, sondern bei rituellen Handlungen, bei der Meditation und bei der Verehrung der Gottheiten als Bildnisse mit religiösem Inhalt dienen. Diese Rollbilder werden aufgerollt aufbewahrt und nur zu bestimmten Anlässen hervorgeholt und aufgehängt.

Thangkas oder Paubhas haben verschiedene Bildinhalte: Die Newar im Kathmandu-Tal führen ein bestimmtes Ritual durch, wenn ein Familienmitglied das Alter von 77 oder von 99 Jahren erreicht hat. Bei diesem seltenen Fest wird der alte Mensch, ob Mann oder Frau, von seinen Nachkommen und Verwandten in einem Wagen umhergezogen. Zu diesem Anlaß wird auch eine Thangka gemalt, das die Familiengottheit als Hauptfigur darstellt. Unter ihr befindet sich eine Abbildung des Festgeschehens mit den teilnehmenden Personen. Hauptsächlich Buddhisten aus Nepal und Tibet lassen Thangkas mit ihrer Familiengottheit malen, die sie zum Wohlergehen der Toten in einem Tempel oder von einem heiligen Priester aufbewahren lassen.

Eine große Anzahl von Rollbildern hat auch historische und legendäre Bildinhalte: Die Lebensgeschichte *Buddhas*, die heroischen Taten von *Rama, Krishna* und anderen Gottheiten, berühmte Gurus, Großlamas und Gründer der verschiedenen Sekten werden gezeigt. Thangkas stellen auch eine bildliche Hilfe zur Meditation dar. So beinhalten sie auch Mandalas, sogenannte magische Kreise mit unterschiedlichen geometrischen Anordnungen. Das Mandala symbolisiert den Kosmos, es ist der geweihte Ort des großen Mysteriums. In seinem Zentrum befindet sich der Platz der Götter. In den Bildern kommt ein Teil der buddhistischen und tantrischen Geisteswelt zur Offenbarung, die von einer Unzahl von Buddhas und Bodhisattvas mit ihren weiblichen Erscheinungsformen, friedvollen und zornigen Gottheiten, Dämonen und mythischen Gestalten beherrscht wird.

Tempelbau. Das Kathmandu-Tal gilt seit undenklichen Zeiten als Wohnplatz der Menschen und Götter. So wie sich im Laufe der Zeit die Bewohner des Tals vermehrten, so wuchs auch die Zahl ihrer Götter.

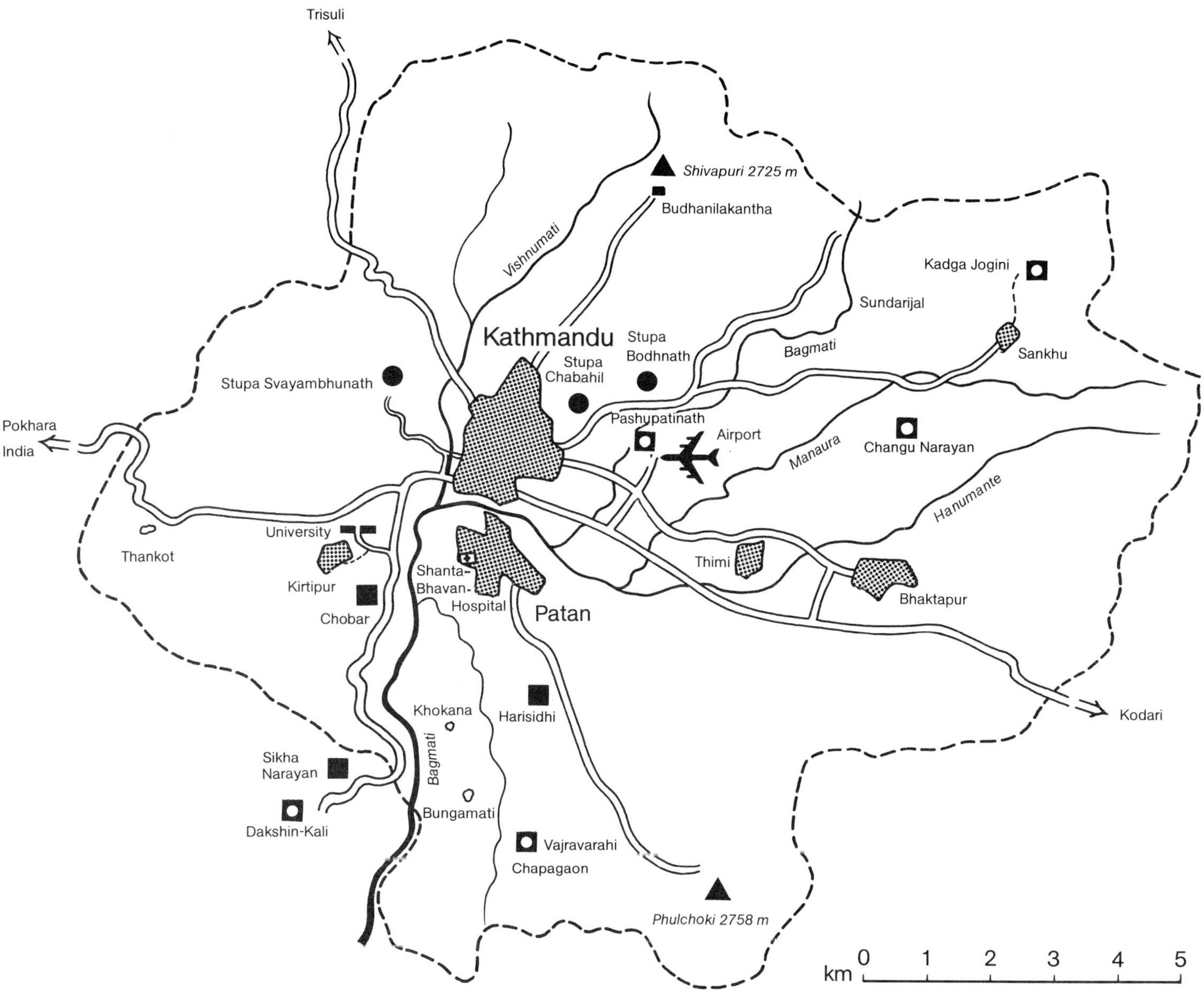

Das Tal von Kathmandu

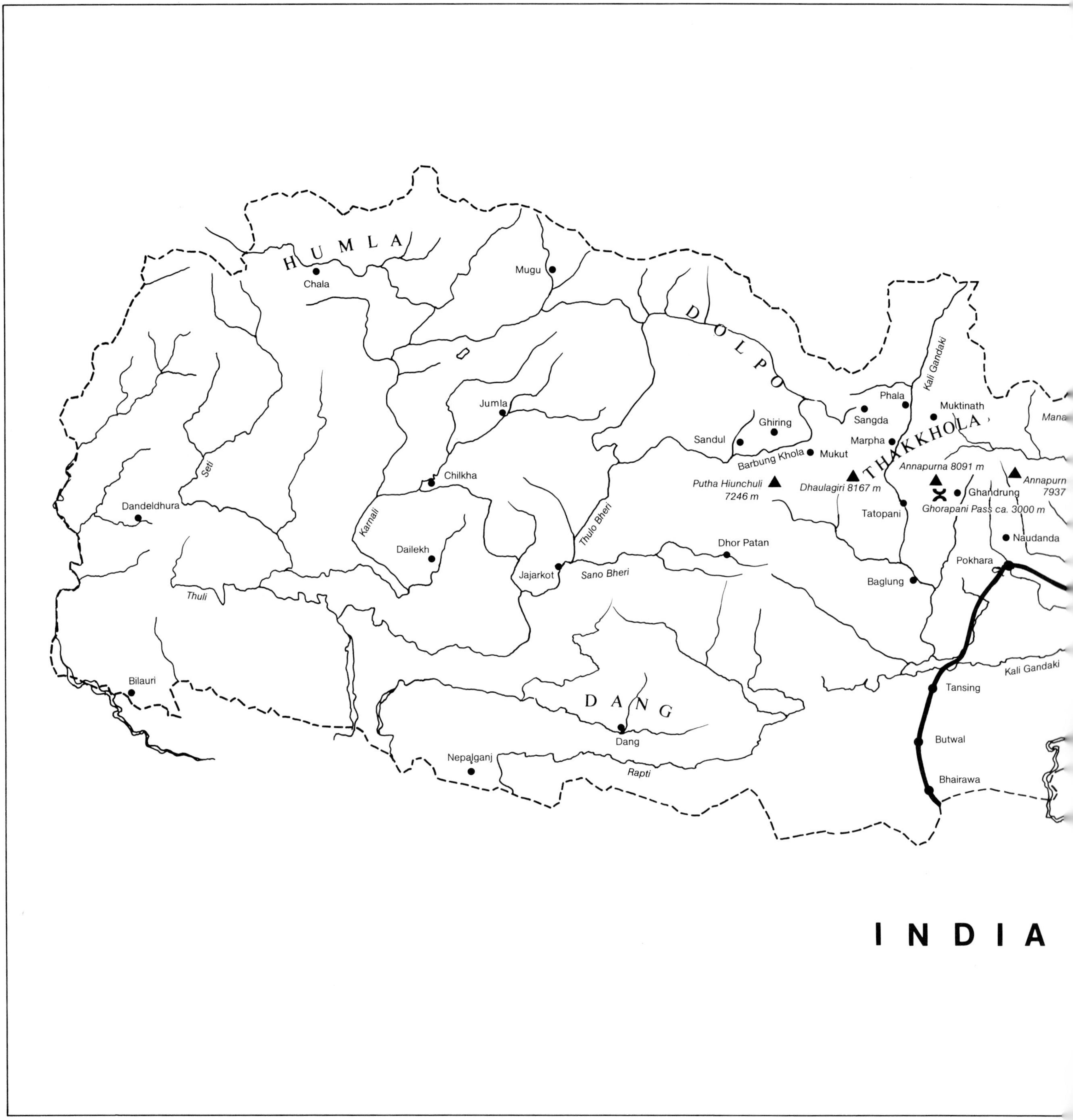

HUMLA
Chala
Mugu
DOLPO
Jumla
Sandul
Ghiring
Barbung Khola
Mukut
Sangda
Phala
Marpha
Muktinath
Kali Gandaki
THAKKHOLA
Mana
Annapurna 8091 m
Annapurn
7937
Putha Hiunchuli
7246 m
Dhaulagiri 8167 m
Ghandrung
Ghorapani Pass ca. 3000 m
Tatopani
Naudanda
Pokhara
Baglung
Seti
Dandeldhura
Chilkha
Karnali
Dailekh
Thulo Bheri
Dhor Patan
Jajarkot
Sano Bheri
Thuli
Bilauri
Kali Gandaki
Tansing
DANG
Dang
Butwal
Nepalganj
Rapti
Bhairawa
INDIA

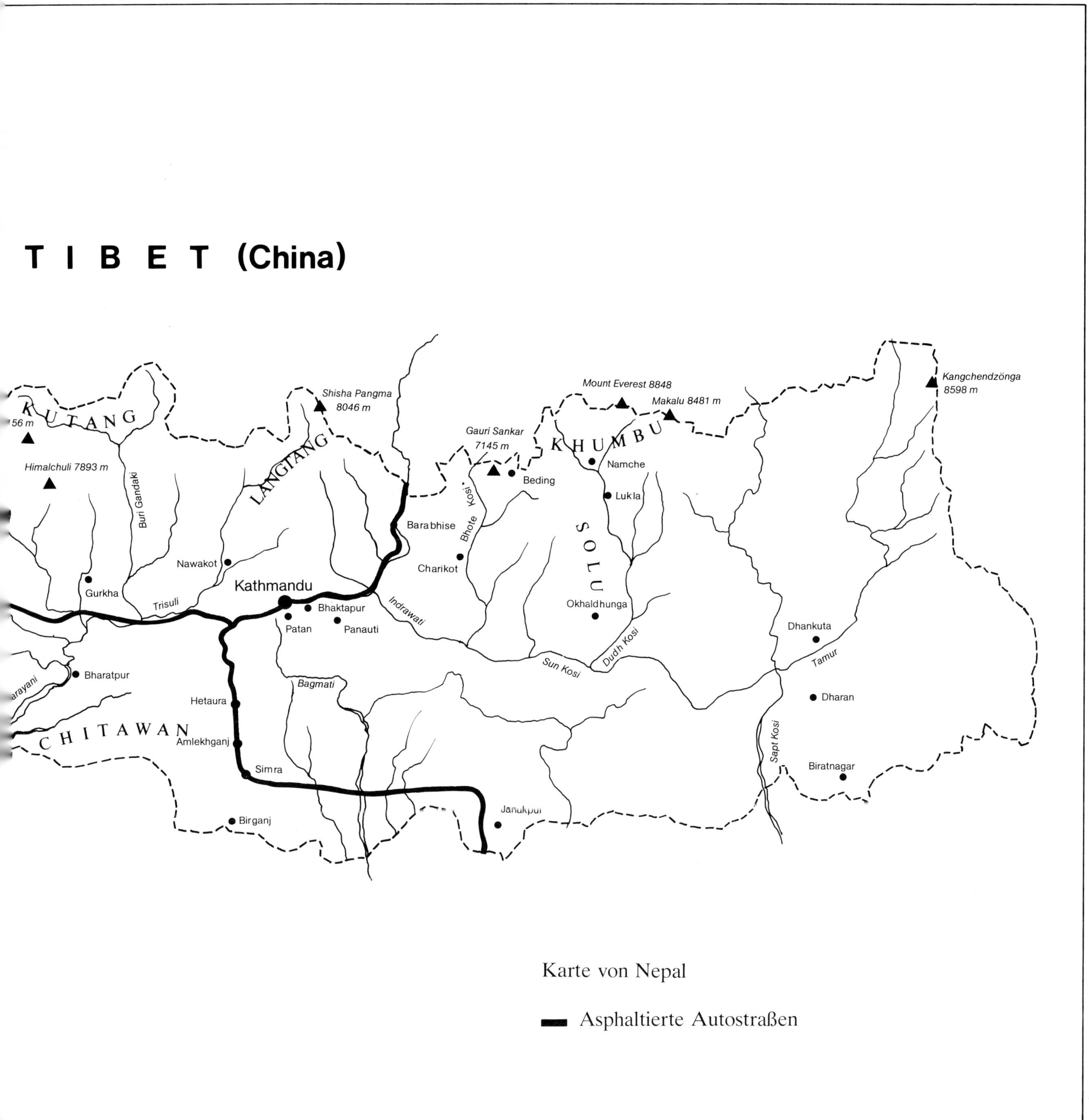

Karte von Nepal

▬ Asphaltierte Autostraßen

Deshalb gibt es – wie ein englischer Journalist treffend schrieb – im Tal mehr Tempel als Häuser und mehr Götter als Menschen. Die Götter bestimmen und beschützen das Leben der Menschen und das ihrer Vorfahren und Nachkommen; diese tiefe Religiosität der nepalischen Menschen macht es verständlich, daß für die Götter besonders schöne Wohnstätten errichtet werden. Fast alle diese Tempel sind im Pagodenstil oder im Shikharastil erbaut.

Der *Pagoden-Baustil* ist mit großer Wahrscheinlichkeit eine Schöpfung der nepalischen Architektur und Kunst. In alten Chroniken berichten chinesische Reisende, die Nepal im 7. Jahrhundert besucht haben, über großartige Paläste und Tempel mit mehreren Stockwerken und mehreren Dächern übereinander. Aus ihren Berichten kann man schließen, daß im Nepal der damaligen Zeit schon Gebäude im Pagodenstil existiert haben. Der Ausdruck der Verwunderung und das Lob der Reisenden über diese Architektur zeigt, daß die Chinesen bis zu diesem Zeitpunkt noch keine Bauwerke in diesem Stil kennengelernt hatten. Daraus läßt sich schließen, daß die Konstruktion der Pagode in Nepal geschaffen wurde und sich später von hier aus über weite Teile Asiens verbreitet hat.

Was die Baumeister veranlaßt hat, Pagoden zu errichten, entzieht sich unserer Kenntnis. Sicher wurden sie dabei mehr vom Wunsch nach Schönheit und Dekoration geleitet als vom Streben nach Nützlichkeit. Der Pagodenstil wurde in den ersten Jahrhunderten der christlichen Zeitrechnung entwickelt und erreichte seine Blüte im Mittelalter. Die Tempel sind im allgemeinen zweistöckig; nur selten erheben sie sich bis zu fünf Stockwerken wie der Kumbhesvara Mandir in Patan oder der Nyatapola in Bhaktapur (Seite 100). Die Dächer der Tempel sind aus Kupfer hergestellt, das auch oft vergoldet wurde, oder mit Ziegeln gedeckt. An den Dachrändern sind viele kleine Glocken angebracht, die schon bei leichten Brisen zu läuten beginnen. Die Dächer der Stockwerke werden von hölzernen Streben gestützt; bei dem fünfstöckigen Nyatapola sind es insgesamt 108. Die nepalische Holzschnitzkunst erreicht bei diesen unzähligen Dachstreben der Tempel einen ihrer Höhepunkte; sie sind mit vielen Gottheiten beider Religionen, mit Drachen und himmlischen Wesen, mit mythischen Gestalten und erotischen Darstellungen kunstvoll geschmückt. Der unterste Raum einer jeden Pagode ist die Wohnstätte der Gottheit, für die der Tempel geschaffen wurde. Es gibt nur wenige Ausnahmen, wo sich dieser heilige Ort im ersten Stock des Tempels befindet.

Die Stein- und Ziegelkonstruktionen der *Tempel im Shikharastil* sind rein indischer Herkunft. Mit dem Wort Shikhara bezeichnet man eine Bergspitze, mit der ein Shikharatempel eine bestimmte Ähnlichkeit aufweist. Der schönste und bekannteste Bau im Shikharastil in Nepal ist der Krishna Mandir in Patan.

Dieses Bauwerk wurde unter *Siddhi Narasimha Malla* im Jahre 1637 vollendet. Der Tempel ruht auf drei übereinanderliegenden Plattformen und besitzt drei nach oben hin kleiner werdende Veranden, die offen sind und von Säulen getragen werden. Die in Stein gearbeiteten Reliefs, die an allen vier Seiten des Baus angebracht sind, zeigen Motive aus den beiden Epen Ramayana und Mahabharata.

REISE IN BILDERN DURCH NEPAL

Das Terai, die südlichste und am tiefsten gelegene Landschaft Nepals, gehört geologisch gesehen zur Gangestiefebene. Die fruchtbaren Schwemmböden liegen in 70 bis 250 Meter Meereshöhe und werden zum Teil von Urwäldern und Savannen bedeckt. In den großen Wäldern leben nur wenige Menschen in kleinen Siedlungen. Der Stamm der Tharu hat sich im Laufe von Jahrhunderten eine Resistenz gegenüber der Malaria erworben, die es ermöglicht, die menschenfeindliche Landschaft zu bewohnen. Heute ist die Malaria größtenteils ausgerottet. Weite Gebiete des Terai wurden gerodet, unter den Pflug genommen und in gutes Ackerland verwandelt. Rund zwei Drittel der gesamten bebauten Fläche Nepals liegen in Terai. Der fruchtbare Boden und geschickte Bewässerung ermöglichen bis zu drei Ernten im Jahr, die den Bauern sogar Überschüsse bringen. Man könnte meinen, es gäbe in Nepal keinen Hunger. Leider ist es anders, denn es ist einfacher, Reis ins nahe benachbarte Indien zu verkaufen, als hungernde Menschen in den schwer zugänglichen Tälern des Nordens zu versorgen.
Es ist längst zur Tatsache geworden, daß die Natur und die Tierwelt unserer Erde vom Menschen stark bedroht ist; viele Gattungen sind bereits ausgestorben, und in vielen Fällen ist es eine Frage der Zeit, bis wir bekannte und heute noch lebende Tiere nur noch auf Fotos und in Museen bewundern können. Die Urwälder und Savannen des nördlichen Terai zählen zwar zu den wildreichsten Gebieten der Erde, aber auch dort sind Tiere wie der Bengalische Tiger und das Panzernashorn von der Ausrottung ernsthaft bedroht.
Im Jahre 1962 wurde der Royal Chitwan National Park gegründet. In diesem ersten Nationalpark Nepals, mit einer Fläche von rund 500 Quadratkilometern, leben circa 20 Tiger und 200 Panzernashörner. Dazu kommen Gaure, die mächtigsten Wildrinder Asiens, der mit weißen Tupfen gezeichnete Axishirsch, der Sambar- oder Pferdehirsch, Lippenbär, Wildschwein, Leopard, Delphine und Krokodile im Narayani Fluß, Python, Königskobra, dreihundert verschiedene Vogelarten und viele andere Tiere mehr.

138 Urwald- und Flußlandschaft im Chitwan National Park Diese Flußlandschaft liegt in der Nähe der Dschungel Lodge Tiger Tops. Im Narayani-Fluß leben u.a. Flußdelphine und Gaviale. Tiger Tops ist Ausgangspunkt für Bootsfahrten im Einbaum, für Urwaldritte auf dem Rücken des Elefanten und für Ausflüge in den Dschungel.

139 Indische Elefanten Die Elefanten sind von ihrem Morgenausflug zurückgekehrt – der Mittagstisch ist schon gedeckt. Die Touristen haben Axishirsche, Wildschweine, Languraffen und das nur noch in wenigen Exemplaren vorhandene indische Panzernashorn gesehen. Einer der ältesten Bewohner Asiens ist durch den Menschen beinahe ausgerottet worden. Das Horn des Tieres gilt in weiten Teilen Asiens als Aphrodisiakum. Heute lebt das indische Nashorn nur noch in wenigen Reservaten in Bangla-Desh, Assam und Nepal.

141 Männer aus Jumla Vater und Sohn bei einer Zigarettenpause. Das Rauchen ist in Nepal wie bei uns ein weitverbreitetes Übel. Ihre kunstvoll geschlungenen Turbane rühren vom indischen Einfluß her. Der Vater ist Händler. Er war mit seinem Sohn in Mugu, um dort Stoffe zu verkaufen; die Ortschaft liegt im Norden von Jumla und ist in fünf bis sechs Tagesmärschen zu erreichen. Jumla ist die bedeutendste Ortschaft in Westnepal. Eine kleine Landepiste und eine Polizeistation mit Funk bilden die Verbindungen zu Kathmandu.

142 Dhaulagiri II Mit seinen 7751 m ist er einer der fünfzehn höchsten Berge Nepals. Mehrere Bergsteigergruppen aus verschiedenen Ländern versuchten jahrelang vergebens, den Dhaulagiri II zu besteigen. Im Jahre 1971 gelang es einer kleinen österreichischen Expedition, den Berg von der Mukutseite (Norden) her zu erreichen. Am 18. Mai standen Adi Huber und der Sherpa Jangbu auf dem Gipfel.
Das Bild zeigt die noch undurchstiegene 3000 m hohe Ostwand und Schneefahnen über dem Nordgrat.

143 Namenloser Berg im Churen Himal Der über 6000 m hohe Gipfel ist dem 7246 m hohen Putha Hiunchuli im Norden vorgelagert. Mit seiner Nordwand bricht der Berg steil zum Barbung Khola ab, der hier in der Nähe der Ortschaft Kakkot ein weites und trockenes Talbecken durchfließt. Der Österreicher Herbert Tichy ist wahrscheinlich der erste Europäer gewesen, der Anfang der fünfziger Jahre das einsame Tal im westlichen Nepal kennengelernt hat.

144 Wandzeichnung Oberhalb des Zusammenflusses von Tarap Khola und Barbung Khola liegt die kleine Ortschaft Sandul. Ihre Bewohner sind Buddhisten und gehören zur Volksgruppe der Bhote. Sie bemalen die Außenwände ihrer Häuser mit seltsamen Zeichen und Bildern, die dem Haus und seinen Bewohnern Glück und Frieden bringen sollen.

145 Frau vor Wandzeichnungen Auch diese Wand ist mit verschiedenen Bildern und Schriftzeichen bemalt, die meist religiösen Inhaltes sind. Links oben die Darstellung eines Stupa. Die große Schriftzeile sind die bekannten Silben *Om Mani Padme Hum,* die Anbetungsformel des großen *Bodhisattva Avalokiteshvara*. Rechts oben am Bildrand eine Kalasha (Vase) mit einem Hakenkreuz. Beides sind Glückssymbole im Hinduismus und Buddhismus. Unter der Schriftzeile erkennt man einen Regenschirm. Die Frau trägt die typischen Stiefel der Tibeter. Ihr rechtes Ohr hat sie mit einem Türkis geschmückt.

146 Ghiring in einer Wüstenlandschaft In 4000 m Höhe, hoch über den braunen Wassern des Barbung Khola, liegt die armselige Siedlung Ghiring in einer Wüste von Sand, Stein und Fels. Einige Hühner, ausgemergelte Ziegen und Menschen, die Hunger leiden, füllen den Ort mit Leben. Die wenigen von Mauern umgebenen Felder sind karg und steinig. Im Süden die hohen eisbedeckten Berge des Dhaulagiri Himal, die den kostbaren Regen des Monsuns zurückhalten, im Norden die weite, braune Landschaft Tibets. Welche enormen klimatischen Gegensätze auf einer Distanz von nur 30 km Entfernung. Auf der Südseite des Dhaulagiri Himal befindet sich eine der niederschlagsreichsten und hier eine der trockensten Zonen Nepals. Links im Bild drei Tschorten, buddhistische Heiligtümer.

147 Kinder aus Ghiring Wenn Vater und Mutter auf den Feldern arbeiten, mit den Ziegen und Schafen beschäftigt sind oder sich weit entfernt auf Holzsuche befinden, werden die Kleinkinder den älteren Geschwistern anvertraut. Diese kümmern sich sorgsam und liebevoll um die Jüngeren. Die Bewohner dieser Ortschaft gehören zu den Bhote, die vor langer Zeit aus Tibet ausgewandert sind und die Täler des Inneren Himalaya besiedelt haben.

148 Wandmalerei in einem Tschorten Wenn man hinauf nach Mukut steigt, geht man durch einen Tschorten hindurch, der im Inneren mit dieser schönen Wandmalerei geschmückt ist. Die Zentralfigur ist *Buddha Shakyamuni*, der historische Buddha. Die Stellung seiner Hände wird als »Dharma Chakra Pravartan Mudra« bezeichnet. Die Geste symbolisiert die Erklärung und Darlegung seiner Philosophie. Viele Buddhas und Bodhisattvas umgeben die Hauptfigur.

151 Om Mani Padme Hum Die sechs Silben *Om Mani Padme Hum* bilden das meist geschriebene und gebrauchte Mantra im Mahayana-Buddhismus. Das Mantra ist eine Anbetungsformel, die sich millionenfach wiederholt auf Gebetsfahnen, in Gebetsmühlen und auf Manisteinen. Das Bild zeigt fünf Gebetszeilen, von denen die mittlere in Ranjana-Schrift und die übrigen in tibetischer Schrift gemeißelt sind.

152 Der Bürgermeister von Mukut Mukut liegt in einem 4000 m hoch gelegenen Talkessel auf der Nordseite des Himalaya-Hauptkammes, zu Füßen des Mukut- und Dhaulagiri Himals.
Der kürzeste Weg zu diesem abgeschiedenen Ort führt von Pokhara durch das Kali Gandaki-Tal nach Jomosom und Phala. Ein schmaler Pfad führt weiter über einen 4500 m hohen Paß nach Sangda, der letzten Ortschaft vor zwei weiteren Pässen. Von hier geht es durch die wilde und gefährliche Cha Lungpa-Schlucht, oft ohne Weg und Steg, zum weiten und flachen Sangda La (5100 m) und zum 5800 m hohen Mula-Paß. Nach 12 bis 14 Marschtagen sind es von hier nur noch 6 bis 7 Stunden hinunter zur Oase Mukut.
Der eigenartige Kopfschmuck des Bürgermeisters besteht aus den eigenen langen Haaren, die mit Wollfäden verknüpft sind. Um den Hals trägt er eine Schnur mit Korallen und einem Türkis.

153 Frau mit »Golddachl« Wie überall auf der Erde lieben es auch die Frauen von Mukut, sich mit schönen Dingen zu schmücken. Besonders interessant sind ihre dachähnlichen Messinghüte, die mit Korallen und Türkisen verziert sind. Nur in dieser Gegend sind sie bekannt. Die Frau trägt ein breites, ledernes Band über der Brust, das sie zum Tragen von Lasten benutzt.

154 In der Cha Lungpa-Schlucht Die Cha Lungpa, ein Nebenfluß der Kali Gandaki, hat sich ein tiefes, schluchtiges Bett in die Landschaft gegraben. Die ca. 200 m hohen Wände sind aus lockerem Konglomerat. Unter ihnen führt ein schmaler, dem Steinschlag ausgesetzter Pfad, der manchmal über längere Strecken gar nicht mehr vorhanden ist.

155 Oase Phala Schon von weitem sieht man die im Winde wehenden Gebetsfahnen, die erkennen lassen, daß die Bewohner der Ortschaft Buddhisten sind. Auf den flachen Dächern sind ringsum die Holzvorräte zum täglichen Kochen und für den Winter geschichtet. Im Hintergrund, im Süden, die weißen Berge der ca. 7000 m hohen Nilgiris.

156 und *157 Sangda (3650 m)* Man muß die Menschen bewundern, die sich hier in der Wüstenei angesiedelt haben, um dem kargen Boden einige Felder abzuringen. Sie leben völlig autark. Die Felder, ihre Ziegen und Schafe geben das Notwendigste fürs tägliche Leben. Hier im Norden des Himalaya sind die Haus- und Siedlungsformen grundverschieden von denen im Süden. Die hohen Temperaturschwankungen (tagsüber starke Sonneneinstrahlung und nachts intensive Abkühlung) und die geringen Niederschläge sind die Ursache für die kompakte und festungsartige Bauweise mit flachen Dächern. Diese und ähnliche Architektur findet man in allen ariden Zonen der Erde. Das Bild auf Seite 157 zeigt u.a. eine starke Erosion und kümmerlichen Pflanzenwuchs. Es ist möglich, daß vor wenigen hundert Jahren in den Gebieten nördlich des Hauptkammes andere klimatische Bedingungen herrschten, und daß der Mensch selbst durch unkontrolliertes Abholzen der Wälder zur heutigen Situation beitrug.

158 Landschaft um Muktinath Hier im Norden von Dhaulagiri, Nilgiri und Annapurna glaubt man, schon in Tibet zu sein. Die Landschaft ist weit und offen, die Berge nicht mehr so hoch, steil und schroff und weniger vergletschert als im Süden. In der kargen Hochgebirgssteppe findet der Yak seinen Lebensraum. Er ist das wichtigste Haustier im Norden Nepals, in Tibet und weiten Teilen Innerasiens. Er ist nicht nur genügsam und liefert Milch, Butter, Käse, Haare und Fell, sondern ist auch ein starkes Tragtier, das bis zu zwei Zentner schwere Lasten sicher über die hohen Himalayapässe trägt. Sogar der Yakmist dient in der holzarmen Gegend als wertvolles Brennmaterial.
An den Flußläufen, welche die Schmelzwasser der Schneeberge führen, liegen kleine Oasen wie die Ortschaften Muktinath (Bildmitte) und Kagbeni rechts im Bild. Links oben der schneebedeckte Thorang La, über den man nach Manang und ins Tal des Marsyangdi Khola gelangt. Die Gipfel der Bergkette erreichen Höhen über 6000 m.

159 Dhaulagiri I (8167 m) Der sechsthöchste Berg unserer Erde überragt um rund 5800 m das breite Schotterbett der Kali Gandaki. Über den beiden Ortschaften Larjung und Khanti zahlreiche Terrassen, auf denen Mais, Gerste und Kartoffeln angebaut werden. Die schmalen Waldzonen gehen in Almregionen über, welche bis an die Moränen und Gletscher reichen. Im Bild unten die weitverzweigte Kali Gandaki, die nach einigen Kilometern weiter im Süden die tiefste Schlucht der Erde geschaffen hat. An der engsten Stelle hat sich der Fluß zwischen den beiden Achttausendern Annapurna und Dhaulagiri bis auf 1700 m Meereshöhe eingegraben. Dhaulagiri I wurde als vorletzter der vierzehn Achttausender bestiegen. Siebenmal wurde der Berg von Franzosen, Schweizern, Deutschen, Argentiniern und Österreichern vergeblich angegangen, bis es am 13. und 23. Mai 1960 sechs Mitgliedern einer Schweizer Expedition und zwei Sherpa gelang, den Gipfel zu besteigen.

160 Die Kali Gandaki bei Tukche Tukche war einer der wichtigsten Umschlag- und Handelsplätze im Kali Gandaki-Tal. Von Tibet kamen die Yak-Karawanen mit Salz, Wolle und Fellen, die hier auf Eselsrücken umgeladen wurden, um weiter nach Indien und ins nepalische Mittelland transportiert zu werden. Seitdem die Grenzen nach Tibet geschlossen sind, ist der Handel so stark zurückgegangen, daß viele Leute ihre Häuser und das Tal verlassen haben.

161 Brücke über die Kali Gandaki Die Brücken in Nepal sind oft ein großes Problem, bilden sie doch zwischen verschiedenen Talschaften und ganzen Regionen die wichtigsten Verkehrsverbindungen. Jedes Jahr werden von den Wassermassen des Monsuns Brücken zerstört und fortgerissen. Der gezeigte neu hergestellte Steg befindet sich oberhalb der Kali Gandaki-Schlucht in der Nähe der Ortschaft Ghasa. Vier mit Reis beladene Yaks trotten zum anderen Ufer.

162 Marpha am Oberlauf der Kali Gandaki Dicht zusammengedrängt, verschachtelt und verwinkelt liegt in einer windgeschützten Mulde die Ortschaft Marpha. Der täglich heftig wehende Talwind und das trockene wüstenhafte Klima bilden die Ursache für diese interessante Bau- und Siedlungsweise. Links im Bild die mit großen Steinplatten gedeckte »Hauptstraße«, von der nur wenige schmale und verwinkelte Gäßchen abzweigen.
Typisch für die Bauweise sind die vielen, vor dem Wind schützenden Innenhöfe, in denen sich die Familien die meiste Zeit des Tages aufhalten. Auf den flachen Dächern sind ringsum Holzvorräte aufgeschichtet, die zusätzlichen Windschutz bieten. Die Bevölkerung Marphas gehört zum Stamme der Thakali, der aus Tibet ausgewandert ist.

165 Balkon in Marpha Der schön geschnitzte Balkon, das sauber gezogene Mauerwerk und der vornehme Torbogen lassen auf Reichtum und Wohlstand schließen. Durch den Torbogen gelangt man in den geschützten Innenhof, der im Erdgeschoß von Stallungen und Vorratsräumen umgeben ist. Eine Holzstiege führt hinauf zu den Wohnräumen im ersten Stock. Im Innenhof werden die Tragtiere, Yaks und Esel, be- und entladen, hier verbringen sie die Nacht, werden gefüttert und für die weitere Reise versorgt.

166 Gebetsfahnen Auf einer 4200 m hoch gelegenen Alm haben die Leute einen Steinhaufen zusammengetragen und darin Bambusstangen mit Gebetsfahnen befestigt. Die Fahnen sind mit verschiedenen Gebetssprüchen bedruckt, die vom Wind zu den Göttern getragen werden.

167 Am Ghorapani-Paß (etwa 3000 m) Ein alter und bedeutender Handelsweg zwischen Indien und Tibet führt von Pokhara über den Ghorapani-Paß hinunter ins Kali Gandaki-Tal. Wenn ein Nepali auf große Wanderschaft geht, wird er von seiner Familie mit einem weißen Halstuch, genannt Khathak, verabschiedet. Das weiße Tuch soll auf der Reise Glück bringen und vor Gefahren und Krankheiten bewahren. Wenn der Wanderer einen bedeutenden Paß erreicht hat, dankt er den Göttern, indem er das Tuch opfert. Häufiger jedoch trägt er einige Gebetsfahnen mit sich, die er an einer Bambusrute, einem Tschorten oder einem Baum befestigt. Auf dem Bild erkennt man die Khathaks, ganze Bündel von Gebetsfahnen, Blumenkränze und kleine Päckchen. Sie enthalten Getreidekörner, Salz und Münzen, werden mit rotgefärbten Yakhaaren verschnürt und in den Baum gehängt.

168 und *169 Terrassen und Reis im Mittelland* Die Terrassen gehören mit zu den großartigsten Landschaften, die man in Nepal erleben kann. Phantastisch sind ihre Formen und Linien, die sich dem natürlichen Gelände anpassen. Es gibt Terrassen so klein wie eine Tischplatte und so groß wie ein Fußballplatz, Terrassen auf 500 m Meereshöhe und solche auf 4400 m. Arbeit und Plage von Generationen stecken in ihnen, Schicksale sind mit ihnen verbunden; auf ihnen wächst das »tägliche Brot«.

170 Terrassen und Bäume bei Naudanda Im zentralen Nepal liegt der bedeutende Handelsplatz Pokhara. Die Stadt hat einen Flugplatz, ein Krankenhaus, mehrere Hotels, eine Straßenverbindung nach Kathmandu und eine zur indischen Grenze. Pokhara ist für den Touristen neben dem Kathmandu-Tal das beliebteste Reiseziel in Nepal. Von hier starten viele Expeditionen und Trekkinggruppen zu den Bergen der nahegelegenen Annapurna-Gruppe und über den alten Handelsweg ins Kali Gandaki-Tal. Einige Wegstunden nördlich von Pokhara verläßt der Weg das steinige Flußbett der Yangdi und führt durch Wald- und Terrassenlandschaft hinauf nach Naudanda. Unten links im Bild der Weg und ein Rastplatz, ein Chautara. Diese Chautaras findet man sehr häufig im Mittelland. Meist wächst aus der Mitte des Platzes ein großer, schattenspendender Baum, der den müden Träger zur Rast einlädt. In alter Zeit gab es in jeder Stadt und Ortschaft Chautaras, die nicht nur als Rast-, sondern auch als Gerichtsplatz dienten. Zwischen den Terrassen einzelne Bauernhäuser mit strohgedeckten Dächern. Klugerweise haben die Bauern zwischen den Feldern einige Bäume und Sträucher stehengelassen.

171 Luftwurzeln eines Bodhibaumes Unter einem Bodhibaum hat *Buddha* seine Erleuchtung gefunden. Der Baum hat ein weitausladendes Blätterdach und wird deshalb gerne in die Chautaras gepflanzt. Das Bild zeigt die Landschaft beim Städtchen Gurkha, 90 km nordwestlich von Kathmandu.

172 Bauer aus Ghandrung Er gehört zum Stamme der Gurung, die im zentralen Nepal ihren Siedlungsraum haben. Viele Jahre stand er als Gurkha-Soldat im Dienste der britischen Armee. Wir waren nicht wenig erstaunt, als er uns mit »Guten Tag« begrüßte – ein Beweis, daß er einmal am Rhein gewesen ist.

173 Ghandrung Fast 800 m über dem tiefeingeschnittenen Modi Khola-Tal liegt die Ortschaft Ghandrung vor einer faszinierenden Bergkulisse. Nur wenige Kilometer entfernt erhebt sich über dichten Bergurwäldern der Modi Peak und der berühmte Machapuchare (siehe Bilder 178–180). Die Ortschaft macht einen sauberen und geschlossenen Eindruck. Die großen Wohnhäuser sind zweigeschossig und haben einen Vorplatz, der mit Steinplatten ausgelegt ist. Das meist nur aus einem Raum bestehende Erdgeschoß ist auf drei Seiten von einer überdachten Veranda umgeben. Im unteren Teil des Hauses befinden sich die Feuerstelle und der allgemeine Wohnraum, im oberen Teil die Schlafräume. Die Fenster sind geschnitzt und mit einfachen Ornamenten versehen. Weißgetünchte Bruchsteinmauern tragen ein weitausladendes Schieferdach.

176 Rhododendron Sie ist die Nationalblume Nepals. In den Monaten März bis Mai ist ihre Blütezeit – je nach Lage und Höhe. Vom Weiß und zarten Rosa bis hin zum tiefen Rot erblühen Büsche und Bäume in Höhen zwischen 1500 und 4000 m.

177 Knorrige Äste Diese verschlungenen Äste und Bäume sind abgestorben. Sie bilden ein Stück Bergurwald in der als heilig geltenden Modi Khola-Schlucht zwischen Patal Hiunchuli und Machapuchare. Die starke Bemoosung läßt auf große Feuchtigkeit schließen. Tatsächlich ist diese Gegend eine der niederschlagsreichsten in Nepal.

178 und *179 Machapuchare – der Fischschwanz* Mit seinen 6997 m Höhe ist er nicht einmal einer der großen Berge Nepals, aber einer der bekanntesten und schönsten. Machapuchare haben ihn die Einheimischen genannt, weil er aus der Gegend von Ghandrung wie ein riesiger Fischschwanz aussieht. Im Frühjahr 1956 erkundete Jimmy Roberts erstmals die Modi Khola-Schlucht, um einen Zugang zu diesem heiligen Berg zu finden. Ein Jahr später kam er mit einer kleinen Gruppe wieder. In 3900 m Höhe wurde am Ende der Schlucht das Basislager errichtet. Von der Westseite aus erreichte man mit Hilfe von drei Hochlagern den wildgezackten und beidseitig überwächteten Nordgrat. Über ihn querte man in die etwas leichtere Ostflanke, wo die Lager IV und V aufgebaut wurden. Von hier gelangten am 3. Juni 1957 Wilfried Noyce und David Cox bis etwa 50 m unter den Gipfel. Sie hatten versprechen müssen, diesen nicht zu besteigen, da er als Thron der Götter gilt.
Auf Seite 178 der Machapuchare von Dhampus aus gesehen. Auf der Seite 179 riesige Schneefahnen am Nordgrat und dem Doppelgipfel.

180 Modi Peak (7219 m) von Süden Der Modi Peak wurde erstmals von einer japanischen Gruppe bestiegen. Sie erreichten im Jahre 1964 den Gipfel. Im Bild die steile Südflanke, die im Herbst 1970 von vier Bergführern aus Chamonix durchstiegen wurde. Im Vordergrund Rhododendronbüsche.

181 Die Südwand der 8091 m hohen Annapurna Am 3. Juni 1950 stehen zum ersten Mal Menschen auf einem Achttausender – die beiden Franzosen Louis Lachenal und Maurice Herzog. Die Expedition wollte zuerst den Dhaulagiri I besteigen, wandte sich dann aber der Annapurna zu, die sie über die Nordflanke bestieg. Das Bild zeigt die 3500 m hohe Südwand über dem südlichen Annapurna-Gletscher. Die extrem schwierige Wand wurde von einer britischen Expedition durchstiegen. Am 27. Mai 1960, rund zehn Jahre nach der Erstbesteigung des Berges, erreichen Don Whillians und Dougal Haston den Gipfel.

182 Annapurna II (7937 m) und Annapurna IV (7525 m)
Der Aufnahmestandpunkt des Fotografen liegt nur 1000 m hoch. In 30 km Entfernung erheben sich Annapurna IV (links im Bild) und Annapurna II, der breite felsige Gipfel. Im Vordergrund Dörfer und Terrassenlandschaft, dahinter rechts Bergurwälder. Derselbe Jimmy Roberts, der 1957 die erfolgreiche Expedition zum Machapuchare führte, leitete eine große, aus Briten, Indern und Nepali bestehende Gruppe zur Nordflanke der Annapurna II, die im Mai 1960 mit Hilfe von künstlichem Sauerstoff bestiegen wurde. Eine deutsche Gruppe unter Leitung von H. Steinmetz erreichte 1955 erstmals den Gipfel von Annapurna IV.

183 Nebengipfel des Modi Peak über dem »Heiligtum« Von Pokhara aus gelangt man in fünf bis sechs Tagesmärschen in den gewaltigen Annapurna-Kessel, den man auch als Heiligtum oder Annapurna Base Camp bezeichnet. Auf 4000 m Höhe stehen die Zelte auf grasbewachsenem Boden, umgeben von kilometerlangen Graten, gewaltigen Felswänden und Bergflanken mit riesigen Hängegletschern. In diese Wildnis bringen die Bauern von Chomrong während der Monsunzeit ihre Schafe und Ziegen zum Weiden.

184 Wasserfall Es wäre bestimmt interessant, einmal die jährlichen Niederschläge in der Modi Khola-Schlucht zu messen. Sicherlich würden sie zu den ergiebigsten in Nepal zählen. Dichte Urwälder wachsen zu beiden Seiten des wilden Flusses, der sich an manchen Stellen durch enge Felsklammen hindurchzwängt. Die Vegetation ist so üppig, daß selbst an senkrechten Felswänden Gräser, Farne und andere Pflanzen gedeihen. Das Bild zeigt einen der vielen Wasserfälle in der Schlucht. An den schrägen Felsbänken wachsen hinter den Wasserschleiern kleine, grüne Pflanzen.

185 Beladenes Boot Dort wo es keine Brücken gibt und die Flüsse träge fließen, werden die Wasser mit dem Einbaum überquert. Während der Monsunzeit schwellen die Flüsse um ein Vielfaches an, so daß der Fährverkehr eingestellt werden muß und der Wanderer zu großen Umwegen gezwungen wird. Es ist Anfang Dezember – Trockenzeit. Eine Trekkinggruppe auf dem alten Handelspfad zwischen Kathmandu und Pokhara überquert bei Sisaghat den Rudi-Fluß, der hier in nur 400 m Meereshöhe langsam dahinfließt. Der Einbaum ist vollgeladen mit Trägern, Packsäcken und geflochtenen Hockern. Die beiden Sherpani aus dem Khumbu (Everestgebiet) machen die erste Bootsfahrt ihres Lebens.

186 Einsiedler Der Himalaya war schon immer ein Pilgerziel für heilige Männer und Einsiedler. Das große Gebirge entsendet die heilige Ganga und viele ihrer heiligen Nebenflüsse. Die frommen Pilger sind manchmal monatelang unterwegs bis zu den Gletschertoren, wo mancher Fluß seinen Ursprung nimmt. Der Mann mit dem lustigen Bärtchen wohnt in einer strohgedeckten Hütte am Ufer des Marsyandi-Flusses.

189 Junge Frau in Sisaghat Die kleine Siedlung am Rudi-Fluß ist drei Tagesmärsche östlich von Pokhara gelegen. Mittelpunkt des Ortes bildet ein Platz mit Chautara und schattenspendendem Baum. Ringsum Wohnhäuser, ein Teehaus und einige Läden, wo Kleiderstoffe, Lebensmittel und einfache Gebrauchsgegenstände verkauft werden. Nur äußerst selten kommen Touristen hierher, denn die bekannten Trekkingtouren führen ins Solu Khumbu, in die Gegend der Annapurna-Berge und ins Kali Gandaki-Tal. Für die Einheimischen sind die Fremden eine willkommene Abwechslung. Die hübsche Frau auf dem Bild trägt den Sari, ein Kleidungsstück, von dem man sagt, es sei das schönste, was Frauen tragen können.

190 Bauernhaus im zentralen Nepal Im Gegensatz zu der kompakten Bau- und Siedlungsweise im Norden der Himalayakette finden wir in tieferen Lagen der Südseite häufig einzelstehende Häuser. Im Bild ein kleines Bauernhaus in der Gegend von Pokhara. Die aus Bruchsteinen erbauten Mauern sind innen und außen mit Lehm verputzt; die Außenwände mit weißer, brauner und ockergelber Farbe gestrichen. Rechts vom Haus ein offener Unterstand für Wasserbüffel. Die Familie hat einen Garten mit Bananen und verschiedenen Gemüsen. Auf den Feldern wird neben mehreren Getreidesorten hauptsächlich Reis angebaut.

191 Großmutter, Mutter und Kind Der Stolz dieser Familie ist eine Singer-Nähmaschine, mit der sie sich einen Teil ihres Lebensunterhalts verdient. Die Kleidung der Großmutter besteht aus selbstgewobenen Stoffen, das buntbedruckte Kleid der Tochter ist indische Importware. Der auffallende Nasenschmuck ist bei den Frauen Nepals sehr beliebt und weitverbreitet.

192 Träger mit Schuhen Ein Träger hat seine Last auf einer Mauer abgesetzt. Wir wissen nicht genau, ob sich in dem großen Paket wirklich Asha-Zigaretten befinden, wie außen aufgeschrieben steht. Wir wissen auch nicht, woher der Träger kommt, wie viele Tage er schon unterwegs ist und wie weit noch sein Weg führt. Er hat seine Schuhe unter die Verschnürung geschoben, um sie zu schonen, und läuft barfuß. In Nepal wird seit Menschengedenken alles getragen, was sich irgendwie auf menschlichen Schultern oder mit dem Stirnband transportieren läßt. Heute gibt es außerhalb des Kathmandu-Tales erst wenige Straßen. Sie sind noch unrentabel, da sie wenig befahren werden und hohe Instandhaltungskosten verursachen.

193 Bauer mit Strohlast Ein ehemaliger Gurkha vom Stamme der Gurung. Er kommt von seinen Feldern herauf, die etwa 300 Höhenmeter unterhalb seines Dorfes liegen. Außer der Strohlast hat er Grünfutter fürs Vieh mitgebracht. Auf seinem Gesicht drücken sich Plage und Anstrengung aus.

194 und *195* *Winterstürme im Langtang Himal* An klaren Tagen sieht man vom Kathmandu-Tal, oder besser noch von einem seiner umgebenden Berge, die ganze Kette des Langtang Himal. Diese Berge im Norden von Kathmandu bilden teilweise die Grenze nach Tibet. Die 50 bis 60 km weit entfernten Gipfel erreichen Höhen zwischen fünf- und achttausend Meter. Der Achttausender Shisha Pangma liegt bereits ganz auf tibetischem Territorium. Mit 8013 m ist er der vierzehnthöchste Berg der Erde. Er wurde im Jahre 1964 von einer großen chinesischen Expedition von der Nordseite her bestiegen.
Im Januar vor einigen Jahren flog uns Captain Wick (der beste Himalaya-Pilot in Nepal) ins obere Langtang-Tal. Mein Freund Pemba Norbu und ich wollten hier oben bergsteigen und fotografieren. In der Nacht schlug das Wetter um, es begann zu stürmen und zu schneien. Am nächsten Morgen strahlender Sonnenschein und Windstille im Tal. Auf den Bergen herrschten aber orkanartige Schneestürme, die einige Tage anhielten. Das Bild auf Seite 194 zeigt einen der schönsten Langtang-Berge, den 6397 m hohen Gang-Chenpo im Gebrodel von kilometerlangen Schneefahnen. Bild Seite 195: Unbenannte, knapp 6000 m hohe Gipfel, welche die Südseite des Langtang-Tales begrenzen. Ganz links der 5200 m hohe Gangja La (Paß), über den man ins Helambu gelangt.

196 *Fischer* Westlich des heiligen Gaurisankar durchbricht der Bhote Kosi (Kosi heißt Fluß), weiter im Süden Thamba Kosi genannt, die Hauptkette und fließt direkt nach Süden, wo er in den großen Sun Kosi mündet.
Dort wo ein kleiner Nebenfluß eine Stromschnelle bildet und in den Bhote Kosi mündet, haben die beiden Männer einen Bambusrost errichtet, um Fische zu fangen, die ihre einseitige Nahrung bereichern.

197 *Verblocktes Wildwasser* Wenn man zum Oberlauf des Bhote Kosi kommt, erlebt man eine wilde Urlandschaft von großer Schönheit. Der schmale Pfad führt durch dichten Urwald über schmale Felsgesimse, vorbei an hohen Wasserfällen und über senkrechte Felsstufen, die mit Hilfe von Baumleitern überwunden werden. Die Riesenblöcke im Flußbett rühren wahrscheinlich von einem Bergsturz her.

199 *Fensterstock im Langtang* Hoch über dem Langtang Khola liegt die kleine Ortschaft Syabru. Gebetsfahnen und Tschorten lassen erkennen, daß die Bewohner Buddhisten sind. Die Dächer der schönen Holzhäuser sind mit Schindeln gedeckt und mit Steinen beschwert, ganz ähnlich dem alpenländischen Baustil. Der dreiteilige Fensterstock ist reich mit Ornamenten und Lotosblumen verziert. Das linke Fenster zeigt Norbu, die Diamantenflamme. Norbu symbolisiert Schutz und Glück für das Haus und seine Bewohner.

200 und *201* *Hängebrücken* Wer in Nepal wegen einer zerstörten Brücke einmal tagelange Umwege machen mußte, kann ermessen, welche enorme Bedeutung die Brücken für den Verkehr und den Handel im Lande haben.

Hängebrücken aus Eisenketten gibt es in Nepal bereits vor Mitte des 18. Jahrhunderts. Dies geht aus Aufzeichnungen eines Paters hervor, der sich auf einer Reise durch Nepal befand. Ausschlaggebend für den Bau von Brücken dieser Art waren Mitte des 19. Jahrhunderts die Kriegsvorbereitungen des ehrgeizigen Jang Bahadur Rana gegen Tibet. Um seine Truppen einfacher und schneller zur nördlichen Grenze marschieren zu lassen, ließ er Brücken über Indien von England kommen. Der Transport über den Seeweg nach Kalkutta und weiter zur nepalischen Grenze ließ sich bewerkstelligen. Dann erfolgte der mühselige Weiterweg auf den Schultern nepalischer Träger bis zu den Bestimmungsorten, oft in den abgelegensten Teilen des Landes. Die Brücke auf Seite 200 führt über den Khare Khola bei den Häusern von Suri Dhoban im Rolwaling Himal; die Hängebrücke auf Seite 201 über den Tamba Kosi zur Ortschaft Biguti.

202 Beding Unter den Südabstürzen des heiligen Gaurisankar liegt in 3700 m Höhe die Sherpa-Siedlung Beding. Das Tal ist eng, die Häuser kleben wie Schwalbennester am steilen Berghang. Vor etwa 120 Jahren sind mehrere Sherpa über den gefährlichen und 5775 m hohen Trashi Labtsa-Paß von Thame herübergekommen, um sich in diesem abgeschiedenen Hochtal anzusiedeln. Zu einer Zeit, als in den Alpen die hohen Berge erstbestiegen wurden, vollbrachten die Sherpa-Familien auf der Suche nach neuem Lebensraum bergsteigerische Leistungen, die einer Besteigung des Mont Blanc oder Monte Rosa um nichts nachstehen. Die Ortschaft besitzt eine Gompa (Kloster) und seit zwei Jahren eine Schule. In den 50 Häusern leben etwa 200 Menschen. Zwei Stunden talaufwärts befindet sich die Sommersiedlung Na in 4200 m Höhe. Hier lebt ein Teil der Menschen im Sommer, betreibt Yakzucht und bebaut die kleinen Äcker mit Buchweizen und Kartoffeln.

203 Frau in Beding Diese Sherpani ist die Frau des Lama. Seit 30 Jahren lebt sie mit ihm in Beding. Auch sie kamen über den Trashi Labtsa-Paß aus der Gegend von Thame. Als ich im Herbst 1975 zum zweiten Mal nach drei Jahren nach Beding kam, zeigten sich erste Spuren des Kontakts mit der Außenwelt. Das mit Schindeln und Steinen gedeckte Dach der schönen Gompa war abgerissen und durch eines aus Wellblech ersetzt worden, und das neue Kleidungsstück des Lama war ein gelber, verschmutzter Overall der italienischen Everestexpedition.

204 Lager auf dem Unteren Drolambao-Gletscher Die Gruppe von Bergsteigern kam herauf von der Sommersiedlung Na. Unter der 300 m hohen Steilstufe, die zum Oberen Drolambao-Gletscher leitet, haben sie ihre Zelte in sicherer Entfernung vor Stein- und Eisschlag aufgestellt. Im Hintergrund der 6730 m hohe Bigphera-Go Shar.

207 Eiswand des Bigphera-Go Shar Eine unheimliche Wand aus Eis und Schnee, aus riesigen Eisterrassen und Balkonen, aus einsturzbereiten Séracs und drohenden Hängegletschern. Eine Wand, die immer in Bewegung ist, in der sich zu Tag- wie zu Nachtzeiten die

Lawinen lösen und donnernd auf den Drolambao-Gletscher stürzen. Technisch ist es möglich, diese 2000 m hohe Nordwest-Wand zu durchsteigen, doch wären die Gefahren so groß, daß jeder Versuch einem Selbstmord gleichkäme.

208 Khumjung Khumjung und dicht daneben Khumde liegen in 3800 m Höhe in einem flachen Talbecken, zwei Wegstunden nördlich von Namche Bazar. In Khumde befindet sich ein kleines Hospital, das durch die Hilfe und Initiative von Sir Edmund Hillary erbaut wurde. Es ist Anfang Mai, die Zeit der Flurbestellung. Die Felder werden gepflügt, die Kartoffeln gesetzt, der Buchweizen gesät. Mitten in den Feldern die Sherpa-Häuser. Sie sind zweigeschossig und meistens nach Süden orientiert. In den unteren Räumen werden Werkzeug, Holz- und Heuvorräte aufbewahrt und im Winter ein Teil des Viehs untergebracht. Eine Stiege führt hinauf in den großen Wohnraum, der gleichzeitig auch als Schlafraum dient. Wichtigster Platz im Haus ist die offene Feuerstelle. Wohlhabende Familien besitzen manchmal neben dem Wohnraum einen privaten Andachtsraum.

209 Sherpa mit Kiepe Er wohnt in Namche Bazar, dem wichtigsten Handelsplatz im Khumbu. Er ist unterwegs nach Lukla, um dort Geschäfte zu erledigen. Wenn er nicht unterwegs beim Tschang (eine Art Bier) hängenbleibt, erreicht er an einem Tag sein Ziel. Korb, Matte und Stirnband sind aus Bambus hergestellt. Im Hintergrund ein Felsen mit riesiger Manischrift.

210 Dingpoche Das Dorf liegt in knapp 4400 m Höhe im Tal des Imja Khola und ist eine der höchstgelegenen Siedlungen im Himalaya. Dingpoche kann man als eine Dauersiedlung betrachten, zumindest für die Bewohner, die auch während der Wintermonate hier oben leben. Auf den kleinen Äckern, die alle mit Steinmauern umgeben sind, werden Gerste und Kartoffeln angebaut. Die Yakzucht spielt eine wichtige Rolle. Die Hütten und Häuser sind mit Steinplatten gedeckt, im Gegensatz zu den anderen Ortschaften im Khumbu. Geheizt und gekocht wird mit dünnem Gesträuch, das in der Umgebung wächst, und mit getrocknetem Yakmist. In den Sommermonaten werden die Yaks auf die noch höher gelegenen Almen getrieben, von denen mehrere höher als der Gipfel des Mont Blanc liegen.

211 Manisteine Wir finden sie zu Tausenden in den nördlichen Regionen Nepals. Sie sind typisch für den Lamaismus, die tibetische Form des Buddhismus. Die in Stein gemeißelten Mantras sind Anbetungsformeln und heilige Sprüche, wie das bekannte *Om Mani Padme Hum* oder Asha Samate Puraye Hum – »O du Juwel im Lotos« oder »Laß Gott erfüllen die Wünsche für alle«.

212 Felder in Dingpoche In unglaublich zäher Arbeit haben die Menschen generationenlang dem Ödland einige Felder abgerungen. Mit den zusammengelesenen Steinen wurden Mauern errichtet, damit der Wind die kostbare Ackerkrume nicht davonträgt. Zwischen 4300 und

4400 m Höhe wachsen und gedeihen Gerste und Kartoffeln. Die Kartoffel hat im Khumbu die Ernährungslage nicht nur wesentlich verbessert, sondern grundlegend verändert. Sie ist das Hauptnahrungsmittel der Sherpa-Bevölkerung. Man weiß nicht genau, wer und wann sie in die Täler südlich des Everests gebracht hat. Angenommen wird, daß Mitte des 19. Jahrhunderts reisende Sherpa die Kartoffel bei Engländern in Darjeeling entdeckt haben. Das Bild zeigt einige Sherpani, die Anfang Mai Kartoffeln stecken.

213 Alte Sherpani aus Dingpoche Wie alt mag sie wohl sein – 80, 90 oder gar 100 Jahre? Laut Statistik liegt das Durchschnittsalter der Nepali bei circa 32 Jahren. Das heißt natürlich nicht, daß die Leute in Nepal nicht alt würden. Die niedrige Zahl liegt in der Kindersterblichkeit begründet, die eine der höchsten der Erde ist, denn von zwei Neugeborenen erreicht wegen mangelhafter Hygiene, weitverbreiteter Tuberkulose und Darmerkrankungen nur eines das fünfte Lebensjahr.

214 Votivtafel in Khumjung Eine Steintafel mit den drei Buddhas der drei Zeitalter. *Dipankara*, der Buddha der Vergangenheit, *Shakyamuni*, der gegenwärtige, und *Maitreya*, der zukünftige Buddha. Die eingemeißelten tibetischen Buchstaben nennen die Namen der drei Gottheiten. Solche Tafeln werden zu besonderen Anlässen hergestellt wie Geburt, Heirat und Tod.

215 Votivtafel beim Kloster Tengpoche Ein in Stein gemeißeltes Avalokiteshvara Mandala. Der Kreis beinhaltet die sechs bekannten Silben *Om Mani Padme Hum*, das Mantra des großen *Bodhisattva Avalokiteshvara*. In der Mitte der Buchstabe Hri, der den Platz des *Buddha Amitabha* symbolisiert. Der Elefant, das Pferd und die Diamanten bedeuten Wohlstand, Freundlichkeit und Liebe des großen *Bodhisattva*. Dieser ist aus dem *Buddha Amitabha* hervorgegangen.

216 Häuser bei Thame Thame liegt westlich von Khumjung, ebenfalls in einer Höhe von 3800 m. Von hier zieht der alte Handelsweg nach Norden, zum 5716 m hohen Nangpa La, einem der wichtigen Pässe zwischen Nepal und Tibet. Ein großer Teil des Salzhandels und des Warenverkehrs gingen diesen Weg. Seit der Besetzung Tibets durch China ziehen nur noch wenige Yakkarawanen über den vergletscherten Paß. Besonders der Salzhandel hat stark an Bedeutung verloren, seitdem das nepalische Mittelland mit billigerem Salz aus Indien beliefert wird.

219 Tibetischer Händler In Thame saß er eines Morgens vor unseren Zelten, bimmelte mit seiner Glocke und öffnete einen zerbeulten Blechkasten. Darin lagen zwei hölzerne Druckstöcke, ein zusammengerolltes Thangka, zwei Teeschalen, silberne Armreifen, Knochen, auf denen man blasen kann, Halsketten aus Korallen und Türkisen und vieles andere mehr. In den Händen hält der Händler den Vajra und die Ghanta (Diamantzepter und Glocke), zwei der wichtigsten Ritualgegenstände im Mahayana-Buddhismus. Sie

symbolisieren die Ureinheit von *Buddha* und *Prajna*, dem Männlichen und Weiblichen. Viele dieser Gegenstände werden heute bereits für den Touristen hergestellt und entsprechend auf alt getrimmt.

220 Kang Taiga – der Eissattel Unmittelbar über dem Kloster Tengpoche, einem der schönsten Plätze im Himalaya, erhebt sich der 6779 m hohe Kang Taiga. Er und sein Nachbarberg Tramserku sind die beherrschenden Gipfel über dem Imja Khola.

221 Blick vom Vorgipfel des 5483 m hohen Gokyo Ri Von Phortse und Khumjung führen schöne Wege ins Cho Oyu-Tal, von wo aus man leichte Aussichtsberge besteigen kann. Einer der lohnendsten ist der Gokyo Ri. Von ihm erblickt man neben vielen 6000 und 7000 m hohen Bergen vier Achttausender. Ganz nah im Norden den Cho Oyu, im Westen den Mount Everest, den Lhotse und den Makalu. Das Bild beherrscht der völlig mit Schutt bedeckte Ngozumpa-Gletscher. Darüber erheben sich links im Norden der noch unbestiegene 6440 m hohe Jobo Lhaptshan und der von Franzosen 1974 bestiegene Taboche (6367 m). Am rechten Ufer des Gletschers haben sich hinter der Randmoräne Seen gebildet. Unten im Bild am Ufer des Gokyo-Sees (4750 m) eine der höchstgelegenen Almen in Nepal.

222 Lhotse Mit 8511 m ist der Lhotse der vierthöchste Berg der Erde. Der erste Besteigungsversuch wurde im Jahre 1955 von einer internationalen Expedition unternommen, die unter der Leitung von Norman Dyrenfurth stand. In einer Höhe von 8000 m mußte man wegen schlechten Wetters aufgeben. Ein Jahr später, diesmal vor der Monsunzeit, kommt eine Schweizer Expedition, der es gelingt, den Everest ein zweites Mal und den Lhotse erstmals zu besteigen.
Das Bild zeigt links hinter dem langen Nuptsegrat den Gipfel des Everest und unter der rechten weißen Wolke den Lhotse-Hauptgipfel mit dem niedrigeren Lhotse Shar (8383 m).

223 Cho Oyu Der 8153 m hohe Berg ist der vierte Gipfel im Khumbu, der die magische Achttausendmetergrenze überragt. Die ersten, die ihn versuchten, waren George Love und Edmund Hillary. Sie gelangten über die NW-Flanke bis in eine Höhe von 6800 m. Der Österreicher Herbert Tichy kam im Herbst 1954 mit einer der kleinsten Expeditionen, die je einen so hohen Berg zum Ziel hatten. Seine Kameraden waren Sepp Jöchler, Helmut Heuberger und Pasang Dawa Lama. Am 19. Oktober wurde der Gipfel bestiegen. Im Bild die noch undurchstiegene 2800 m hohe Südwand.

224 Jobo Lhaptshan (6440 m) und Taboche (6542 m) Zwei unbekannte wilde Berge mit scharfen Graten und steilen Wänden. Sonne und Kälte modellierten die feinen Rippen und Rinnen aus Eis und Firn. Das Bild zeigt die Westseite der beiden Berge über dem Cho Oyu-Tal. Im Vordergrund ein Teil des schuttbedeckten Ngozumpa-Gletschers. Vom späten Frühjahr bis in den Herbst hinein weiden Yaks auf den begrünten Moränenrücken und in den Hochtälern.

225 Mount Everest Der höchste Berg unserer Erde wurde bis zum Jahre 1852 als Peak XV bezeichnet. In jenem Jahr errechnete man eines Tages, daß Peak XV alle anderen bekannten Gipfel um mehrere hundert Meter überragt. Zu Ehren des Leiters des indischen Vermessungsbüros, George Everest, wurde der Berg nach seinem Namen benannt. Der tibetische Name ist Chomolongma (Göttinmutter des Landes).
Nepal war bis 1950 verschlossenes Land, weshalb bis zu diesem Zeitpunkt alle Expeditionen den Weg über Tibet zur Nordseite des Berges nahmen. Mehr als ein Dutzend Mal versuchte man von dieser Seite den Berg zu besteigen. Nach der Öffnung der nepalischen Grenzen wurden die Besteigungsversuche von der Südseite aus gestartet. Im Jahre 1953, 32 Jahre nach der ersten Erkundung einer britischen Expedition, erreichen am 29. Mai der Neuseeländer Edmund Hillary und der Sherpa Tenzing Norgay den Gipfel.
Im Bild der Gipfel des Everests mit einer riesigen Schneefahne. Ganz links die Westschulter, in der Mitte die felsige SW-Wand und im Vordergrund Hängegletscher und Eisflanken am Nordwestgrat des Nuptse.

226 Nuptse Eigentlich ist der Nuptse gar kein richtiger Berg. Er ist die riesige Gratverlängerung des Lhotse mit fünf Erhebungen über 7700 m. Der höchste Punkt in dem etwa 8 km langen Grat zwischen der 7569 m hohen Lhotse-Scharte und dem Khumbu-Gletscher ist mit 7879 m vermessen. Die Erstbesteigung dieses Gipfels gelang einer englischen Expedition über die Südwand im Jahre 1961.
Im Bild der westliche Punkt 7745 m mit seiner Westwand, die 2400 m tief zum Khumbu-Gletscher abbricht.

227 Namenloser Berg im Khumbu Himal Dieser phantastische Eisberg steht am südlichen Rande des Imja Gletschers im Khumbu Himal. In der hervorragenden Karte von Erwin Schneider und Fritz Ebster ist dieser Berg mit 6840 m vermessen – einen Namen hat er nicht. Trotz seiner beachtlichen Höhe ist er im Khumbu noch einer unter vielen unbestiegenen Gipfeln. Seine bis zu 2000 m höheren Nachbarn heißen Everest, Lhotse und Makalu.
Auf dem Bild sehen wir die Nordwand des Berges mit stark ausgeprägter Riffeleisbildung. Dies ist eine typische Erscheinung besonders der Gebirge, die in der tropischen und subtropischen Zone liegen (Himalaya, Karakorum, Cordilleren). In den Sommermonaten erreicht die Sonne hier einen sehr hohen Stand und nur an wenigen Stunden des Tages scheint sie auch in diese Nordwand hinein. Die Strahlungstemperatur kann in diesen Höhen 60 bis 70 Grad Celsius erreichen, wodurch es zum Schmelzen des Eises kommt. Im Schatten aber liegen die Temperaturen unter dem Gefrierpunkt, so daß das herabtropfende und -fließende Wasser sofort wieder gefriert. Aus dem stetigen Wechsel von Schmelzen, Verdunsten und Gefrieren entstehen feine Riffelungen und andere filigrane Eisgebilde.

GLOSSAR

Abhaya Raj Shakya	Gründer des Mahabuddha-Tempels in Patan.
Akshobhya	Meditationsbuddha, der sich mit seinen Reittieren, den Elefanten, im Osten eines Stupas befindet. Er wird dargestellt mit der Geste der Erdberührung.
Amitabha	Meditationsbuddha, der sich mit zwei Pfauen im Westen eines Stupas befindet. Er wird dargestellt mit der Meditationsgeste.
Amoghasiddhi	Meditationsbuddha, der sich mit zwei Garudas im Norden eines Stupas befindet. Eine Hand zeigt die Geste der Schutzgebung.
Amsuvarma	Ein berühmter nepalischer Herrscher im 7. Jahrhundert.
Ananda Deva	Nach der Legende der Gründer der Stadt Bhaktapur im neunten Jahrhundert.
Ananta Narayan	Eine überlebensgroße Terrakotta-Figur des Vishnu Narayan in Pashupatinath.
Anantapur	Tempel im Shikhara-Stil auf Svayambhunath.
Arniko	Berühmter nepalischer Künstler, der im 13. Jahrhundert in Tibet und China tätig war.
Aryaghat	Verbrennungsstätten in Pashupatinath am Ufer der Bagmati.
Ashoka	Indischer Kaiser (3. Jahrhundert BC)
Astabhuja Hari Krishna	Achtarmiger Vishnu.
Avalokiteshvara	Der große Bodhisattva der unendlichen Güte und des Mitleids (siehe auch Lokeshvara).

Bagmati	Fluß, an dem Kathmandu gelegen ist.
Balananda	Held des Bala-Chaturdasi Festes.
Balarama	Älterer Bruder von Krishna.
Bhadradhivasa Bhavana	Palast des Königs Narendra Deva im 7. Jahrhundert.
Bhagabansthan	Der Stupa von Chabahil am östlichen Stadtrand von Kathmandu.
Bhagavati	Ein anderer Name für die Göttin Durga.
Bhairava	Die schreckliche Form von Shiva.
Bhimsena	Gott des Handels, Glücks und Reichtums.
Bhote	Unter Bhote versteht man die in Nepal eingewanderten tibetischen Volksstämme.
Bodhisattva	Ein Mensch oder ein himmlisches Wesen, das auf Buddhaschaft und Nirvana verzichtet, um anderen Lebewesen zu helfen.
Brahma	Gott der Hindu Dreieinigkeit – der Schöpfer.
Brahmanen	Oberste Kaste (Priester).
Brahmayani	Frau von Brahma, seine weibliche Komponente.
Bringi	Ein Begleiter Shivas, der tanzend und mit Trommel dargestellt wird.
Brishav Singh	Held des Bala-Chaturdasi Festes.
Budhanilakantha	Heiligtum 8 km nördlich von Kathmandu. Riesiger Vishnu auf dem Schlangenbett.
Bungamati	Ort 3 km südwestlich von Patan, wo das Standbild des Roten Macchendranath aufbewahrt wird.
Chabahil	Ort zwischen Pashupatinath und Bodhnath.
Chaitya	Eine andere Bezeichnung für Stupa.
Chamara	Fliegenwedel aus einem Yakschwanz.
Chandra Shamsher	Bedeutender Premierminister aus der Rana-Familie (1901–1929). Er beendete die Sklaverei in Nepal.
Changu Narayan	Bedeutendes Vishnu-Heiligtum 13 km östlich von Kathmandu gelegen.
Charumati	Tochter Kaiser Ashokas – ihr wird der Stupa von Chabahil zugeschrieben.
Chawskamini	Schreckliche Form der Göttin Tara. Sie kämpft gegen Dämonen und böse Geister.
Chetri	Volksstamm der indo-arischen Völkergruppe.
Chusya Bahal	Berühmtes ehemaliges Kloster mit herrlich geschnitztem Tympanon im Zentrum Kathmandus. Bahal oder Vihara bedeutet Kloster.
Danda	Eine Begleitperson des Sonnengottes Surya.
Dattatraya	Tempel und Heiligtum in Bhaktapur mit den ältesten erotischen Schnitzereien in Nepal. D. ist eine Gottheit, in der sich Brahma, Shiva und Vishnu vereinigen.
Dhalinkhna	In Holz geschnitzte Gesichter und Köpfe, die sich an Häusern und Tempeln befinden.
Dharma	Das große Weltgesetz im Hinduismus – das Gesetz vom Werden und Vergehen; das ewige Rad der Natur.
Dharma Charka-Pravartan Mudra	Eine bestimmte Handstellung in der buddhistischen Ikonographie.
Dhyanibuddha	Meditationsbuddha. Es gibt insgesamt fünf.
Dolpo	Landschaft im nordwestlichen Nepal.
Durga	Die weibliche Form von Shiva; sie wird auch Kali genannt.
Durga Puja	Das nepalische Nationalfest, das 15 Tage dauert.
Ganesha	Der beliebte Elefantengott ist der Sohn von Shiva und Parvati.
Ganga	Heiliger Fluß, der durch die Göttin Ganga symbolisiert wird.
Garuda	Menschenähnlicher Vogel. Gilt als Reittier, Verehrer, Bote und Begleiter Vishnus.
Garva	Die weiße Kuppel eines Stupas.
Gopas	Legendäre, vorhistorische Herrscher über das Kathmandu-Tal.
Guna Kama Deva	Die Vamsavalis, Chroniken, bezeichnen ihn als den Gründer der Stadt Kathmandu.
Gurkha oder Gorkha	Kleine Stadt 90 km nordwestlich von Kathmandu gelegen. Die Shah von Gurkha erobern 1768/69 das Tal von Kathmandu. Die Engländer bezeichneten später alle nepalischen Krieger als Gurkha.
Handigaon	Nordöstlich gelegener Stadtteil von Kathmandu.

Hanuman	Affengott.
Hanuman Dhoka	Bekanntester Platz in Kathmandu. Bezeichnung für den gesamten Komplex des alten Königspalastes.
Hariti	Legendäre Göttin mit fünfhundert Kindern.
Hinayana-Buddhismus	Die Lehre vom „Kleinen Fahrzeug“ im Gegensatz zur Lehre des „Großen Fahrzeugs“, dem Mahayana Buddhismus.
Hiranya Kasyapa	Ein Dämonenkönig, der von Narasimha, der Löweninkarnation Vishnus, getötet wurde.
Hiranya Varna Mahavihar	Das berühmte goldene Kloster in Patan.
Indra	In der vedischen Religion der arischen Einwanderer in Indien war er der bedeutendste Gott – Götterkönig und Regengott.
Indreshvara Mahadeva	Tempel in Panauti. Die geschnitzten Dachstreben des Heiligtums gelten als die schönsten und ältesten in Nepal.
Inkarnation	Wiedergeburt, Menschwerdung.
Kailash	Heiliger Berg in Tibet. Wohnstätte Shivas.
Kala Bhairava	Schreckliche Form von Shiva (Kala = schwarz).
Kalasha	Vase oder Wasserbehälter für heilige Zwecke. Eines der acht Glückssymbole der Buddhisten und Hinduisten.
Kamala	Lotusblüte.
Kastha Mandap	Tempel am Hanuman Dhoka, von dem der Name Kathmandu abgeleitet wurde.
Kautilya Arthasastra	Ein bedeutendes indisches Dokument aus dem 3. Jahrhundert vor Christi Geburt.
Khubilai Khan	Großkhan der Mongolen. Ab 1280 Kaiser von China.
Kimnaras	Himmlische Musikanten, die in vielen Skulpturen zu sehen sind.
Kirate	Dynastie und Volksstamm.
Kshatriya	Ehemalige Kaste der Krieger.
Kumbeshvar Mandir	Fünfstöckiger Shiva-Tempel im Pagodenstil. 1392 von Jaya Stithi Malla erbaut.
Lakshmi	Göttin des Glücks und der Schönheit. Frau von Vishnu.
Lalitpur	Alter Name für Patan.
Lamaismus	ist die Bezeichnung für den Buddhismus in Tibet, der sich aus der Verschmelzung der alttibetischen Bon-Religion und des Mahayana-Buddhismus entwickelte.
Licchavi	Herrscher-Dynastie, die nach den Kirate in einem Zeitraum von ca. 600 Jahren über das Kathmandu-Tal regierte.
Lokeshvara	Buddhistische Gottheit, auch als Avalokiteshvara bekannt. Im Mahayana gibt es 108 Lokeshvaras.
Macchendranath	Bedeutende buddhistische Gottheit in Nepal. Wird als Regen- und Fruchtbarkeitsgott verehrt. Er wird auch Karunamaya genannt.
Mahakala	Schutzgottheit im Mahayana Buddhismus.
Mahabuddha-Tempel	Terrakotta-Tempel im Shikhara-Stil in Patan. Jeder Ziegel ist mit der Abbildung des Buddha Amitabha versehen.
Mahalakshmi	Frau von Vishnu (maha = groß). Siehe auch Lakshmi.
Mahendra	Vater des heutigen Königs Birendra (1955–1972).
Maheshvari	Die weibliche Entsprechung Shivas.
Malla	Herrschergeschlecht, das ursprünglich aus Indien kam und von 1200 bis 1768/69 über das Kathmandu-Tal regierte.
Bhupalendra Malla	Herrscher über Kathmandu (1687–1700).
Bhupatindra Malla	Herrscher über Bhaktapur (1696–1722).
Jaya Stithi Malla	Herrscher über das ungeteilte Kathmandu-Tal (1382–1395).
Jaya Yaksha Malla	Herrscher über das ungeteilte Kathmandu-Tal (1429–1482).
Lakshmi Narasimha Malla	Herrscher von Kathmandu (1620–1641).
Pratapa Malla	Herrscher von Kathmandu (1641–1674).
Ranjit Malla	Letzter Malla Herrscher von Bhaktapur (1722–1769).
Ratna Malla	Herrscher von Kathmandu (1482–1520).
Siddhi Narasimha Malla	Herrscher von Patan (1620–1661).
Mahayana Buddhismus	Die Lehre vom Großen Fahrzeug. Im M. gibt es eine Vielzahl von Buddhas und anderen Gottheiten. M. entwickelte den Gedanken des Mitleids und Mitgefühls mit allen Lebewesen.
Manadeva	Bedeutender Licchavi-Herrscher im 5. Jahrhundert.
Mandala	Magischer Kreis mit mystischen Figuren und Diagrammen; symbolischer Inhalt, der durch Meditation erfahren werden kann.

Manjusri	Chinesische Inkarnation von Buddha. Der Bodhisattva M. gilt als Vermittler der höchsten Weisheit. In der Legende ließ er den See, der das Kathmandu-Tal bedeckte, auslaufen und schuf damit einen Lebensraum für die Menschen.
Mantras	Heilige Wortsymbole und Keimsilben; z. B. *Om Mani Padme Hum.*
Mara	Ein Dämon, der Buddha beim Meditieren störte.
Minanath	Buddhistische Gottheit, oft in Begleitung des Macchendranath.
Mrigasthali	Ein bewaldeter Hügel bei Pashupatinath, der in der Hindu-Mythologie eine wichtige Rolle spielt.
Mudra	Handstellung in der buddhistischen Ikonographie.
Nagapur	Einer der sieben Puras (Schreine) auf Svayambhunath.
Nala	Kleine Ortschaft außerhalb des Kathmandu-Tales, 4 km nördlich von Banepa.
Nangpa La	Bedeutender, 5716 m hoher Paß zwischen Nepal und Tibet.
Narasimha	Mann-Löwe; Inkarnation von Vishnu.
Narayan Mandir	Dem Vishnu geweihter Tempel.
Narendra Deva	Licchavi-Herrscher, der nach Tibet verbannt wurde. Um 640 gelang es ihm, den Thron in Nepal wieder zu besetzen.
Naxal Chardhunge	Stadtteil von Kathmandu.
Newar	Ureinwohner des Kathmandu-Tales. Volksstamm der tibeto-birmanischen Rasse.
Nyatapola	Fünfstöckige Pagode in Bhaktapur, eine der schönsten in Nepal.
Padmapani	Lotosträger. P. ist eine andere Bezeichnung für Avalokiteshvara oder Lokeshvara.
Panauti	Kleine Stadt 5 km südlich von Banepa gelegen. Bekannt durch die herrlich geschnitzten Dachstreben am Indreshvara-Tempel.
Panchanana	Bezeichnung für den fünfköpfigen Shiva.
Paramita	Buddhistische Göttin der sechs großen Tugenden.
Parijat	Die himmlische Blume, die einmal von Gott Indra gestohlen wurde.
Pashupatinath	Bedeutendstes Hindu-Heiligtum in Nepal.
Pingala	Weibliche Begleitperson, die auf manchen Skulpturen des Sonnengottes Surya zu finden ist.
Prajna	Göttin transzendenter Weisheit.
Pratapapur	Shikhara-Tempel auf Svayambhunath, wurde unter Pratapa Malla erbaut. Er ist unbekannten tantrischen Gottheiten geweiht.
Prithvi Narayan Shah	Prinz von Gurkha, Eroberer des Kathmandu-Tales 1768/69, erster Herrscher der Shah-Dynastie. Er gilt als Gründer des modernen Nepal.
Pujahari Math	Ehemaliges Kloster in Bhaktapur, bekannt durch seine hervorragenden Holzschnitzarbeiten.
Rajyavati	Königinmutter des Licchavi-Herrschers Manadeva. Frau des Königs Dharma Deva.
Rana	Die Familie der Rana herrschte 104 Jahre über Nepal (1846–1951).
Ratnasambhava	Einer der fünf Dyanibuddhas (Meditationsbuddhas); R. bedeutet der Juwelengeborene. Seine Farbe ist gelb und sein Lotosthron wird von zwei Pferden getragen. Seine rechte Hand zeigt das Varadamudra, die Geste der Wunschgewährung.
Ravana	Zehnköpfiger Dämonenherrscher von Sri Lanka.
Rudra	Grausame vedische Gottheit.
Sachi	Königin des Himmels und Frau von Indra.
Sanskrit	Die klassische Sprache der Hindus. S. war Volkssprache in der Zeit der arischen Einwanderung in Indien. Die heiligen Schriften, die Veden, sind in Sanskrit geschrieben. Heute noch Sprache der Gelehrten und Priester.
Sarasvati	Göttin der Gelehrsamkeit, Frau von Brahma. Sie wird mit Laute, Buch, Rosenkranz und Kalasha (Vase mit heiligem Wasser) dargestellt.
Sarnath	Stadt in der Nähe von Benares, wo Buddha seine erste Predigt hielt.
Satyayuga	Das Zeitalter der Wahrheit in der Hindu-Mythologie.
Saugal Tole	Platz in Patan.
Segauli	Ortschaft in Bihar nahe der nepalischen Grenze. Hier wurde zwischen Britisch Indien und Nepal der »Friede von Segauli« im Jahre 1816 unterzeichnet.

Sekhara Acharya	Tantrischer Lehrmeister mit übersinnlichen Kräften, dem man die Einführung des Macchendranath zuschreibt.
Shakya	Die Erbauer des Mahabuddha-Tempels in Patan; alter Familienname.
Shakyamuni	Beliebter Beiname Buddhas; bedeutet Weiser der Shakyas.
Shamshuddin Illyas von Bengalen	Moslem-Herrscher, der Mitte des 14. Jahrhunderts viele Schreine und Heiligtümer in Nepal zerstörte.
Shantipur	Einer der heiligen Schreine auf Svayambhunath. In seinem Kellergewölbe sollen sich heilige Texte befinden, die mit Schlangenblut auf Schlangenhaut geschrieben sind.
Shikhara	Wort aus dem Sanskrit, das etwa Bergspitze bedeutet. Bezeichnung für einen architektonischen Stil. Viele Tempel und Schreine in Nepal wurden im indischen Shikhara-Stil erbaut.
Shivalingam	Symbol für die schaffende und zerstörende Kraft Shivas.
Somavamsi	Dynastie, die vor den Kirate im Kathmandu-Tal geherrscht haben soll.
Srong-btsan gampo	Herrscher über Tibet im 7. Jahrhundert. Nach den Chroniken heiratete er Bhrikuti, eine nepalische Prinzessin.
Sundari Chowk	Innenhof des königlichen Palastes in Patan mit dem königlichen Bad. S. Ch. = schöner Hof.
Surya	Sonnengott, der von den Ariern eingeführt wurde und auch in Nepal bis ins 15. Jahrhundert hinein eine Rolle spielte.
Svayambhunath	Das bedeutendste buddhistische Heiligtum in Nepal.
Taleju Bhavani	Familiengottheit der Stadtkönige im Kathmandu-Tal.
Tantrismus	Geheimlehre, die sich im Mahayana-Buddhismus und im Hinduismus entwickelte. Mystische Riten und Symbole spielen darin eine sehr wichtige Rolle.
Thakali	Tibetischer Volksstamm, der am Oberlauf der Kali Gandaki seinen Siedlungsraum hat.
Thamang	Altnepalischer Volksstamm, dessen Siedlungsraum im Westen und Osten des Kathmandu-Tals und im Süden des Ganesh Himal liegt.
Thangka oder Paubha	Auf Leinen gemalte Rollbilder mit hauptsächlich religiösem Inhalt.
Tharu	Altnepalischer Volksstamm im Terai.
Trailokya Mohan Vishnu	Dem Vishnu geweihter Tempel am Hanuman Dhoka.
Tribhuvan	König der Gurkha (Shah-)Dynastie, der 1951 der Rana-Herrschaft ein Ende bereitete.
Tundikhel	Großer Paradeplatz in Kathmandu.
Uma/Maheshvar	Bezeichnung für die Einheit von Shiva und Parvati.
Vairocana	Einer der fünf Dyanibuddhas (Meditationsbuddhas). Er wird dargestellt mit der Predigtgeste. Sein symbolischer Platz ist die Kuppel eines Stupas. Auf Svayambhunath befindet sich sein Schrein zwischen denen des Akshobhya und des Ratnasambhava.
Vaishnavi	Frau von Vishnu, seine weibliche Komponente.
Vajra Jogini	Tantrische Gottheit.
Vamsavalis	Chroniken.
Vasundhara	Im Mahayana die Frau von Jambhala, dem Gott des Glücks. V. trägt in ihren sechs Händen das Manuskript der Weisheit gegen die Unwissenheit, die Vase mit heiligem Wasser und eine Schnur mit Edelsteinen.
Vatsala	Muttergottheit.
Veden	Vier heilige Texte der Hindus: Rigveda, Samaveda, Jadschurveda, Arthavaveda.
Vipasvi Buddha	Legendärer Buddha, der vor dem historischen Buddha existierte.
Virasana	Bestimmte Sitzstellung in der buddhistischen Ikonographie.
Vishnu	Bedeutende Gottheit der Hindu-Dreieinigkeit. Vishnu gilt als der Erhalter.
Yaksha	Halbgottheit; befindet sich oft in Begleitung von Shiva.
Yakshesvara	Shiva-Tempel in Bhaktapur. König Yaksha Malla ließ ihn erbauen.
Yakshini	Ein Yaksha in weiblicher Form.
Yama	Gott des Todes.
Yoni	Symbol des weiblichen Geschlechts.